前言

纵横思想与纵横活动源远流长，上自黄帝轩辕，中至辅佐周朝文、武二王的姜太公，下迄孔门弟子子贡，都是中国纵横家的先驱人物。然而，能被称为纵横之说的鼻祖和创始人的，当属鬼谷子。鬼谷子的身世充满神秘色彩，据传他姓王名诩，又名王禅，战国时人，因其隐居清溪之鬼谷，所以自称“鬼谷先生”。

关于鬼谷子的传说，在野史以及民间传说有很多记载，例如，在明代著名小说家冯梦龙所编著的历史小说《东周列国志》中就曾这样记载：“其人通天彻地，有几家学问，人不能及。哪几家学问？一曰数学，日星象纬，在其掌中，占往察来，言无不验；二曰兵学，六韬三略，变化无穷，布阵行兵，鬼神不测；三曰游学，广记多闻，明理度势，出词吐辩，万口莫当；四曰出世学，修真养性，服食导引，却病延年，冲举可俟。”因此，鬼谷子不仅被纵横家奉为鼻祖，被兵家推崇为代表人物，甚至连民间的占卜相面之流，也都将其奉为自己的祖师爷；而且，据传战国时期的兵家孙膑、庞涓，纵横家苏秦、张仪都师从鬼谷子。由此可见，其在当时和后世的影响不可谓不深远。

《鬼谷子》一书是鬼谷子思想的集大成之作，是纵横游说之术的高度总结，是纵横家理论争鸣的权威之著作。全书分为上、中、下三卷，上卷含《捭阖》《反应》《内揵》《抵巇》四篇，中卷含《飞箝》《忤合》《揣》《摩》《权》《谋》《决》《符言》八篇，下卷含《本经阴符七术》《持枢》《中经》三篇，此外还佚失《转丸》《胠乱》两篇。上卷以权谋策略为主，中卷以言辩游说为重点，下卷则以修身养性、内心修炼为核心，下卷是上、中两卷的基础，是它们的思想指导。

在书中，鬼谷子讲授了不少政治斗争权术，其中最重要的是取宠术、制君术、交友术和制人术。因此，《鬼谷子》堪称是一部专门探讨古代政治斗争权谋的智慧宝典，一直被中国古代军事家、政治家和外交家所研究。在竞争日益激烈的现代社会，《鬼谷子》更具有现实意义，因为无论是竞争双方还是合作对象，无时无刻不在进行着较量，寻求制胜自强之道。一国的外交战术得当与否，关系到国家之生死存亡；一个人的生意谈判与竞争之策略是否得当，关系到企业经营之成败得失；一个人在职场的言谈举止，关系到他的升迁去留；即便是在人们的日常生活中，一个人的言谈技巧运用如何，也关系到此人之处世为人得体与否。所以，《鬼谷子》

堪称当代政界人士、企业界人士、商业经营者、管理人员、公关人所必读之书。

鉴于此，我们精心编撰了这部《鬼谷子》，本书原文选摘自权威版本，注释、译文部分则力求对原文做出精当而晓畅的解读，呈现出鬼谷子高深精妙的权谋策略与处世智慧，从而使不同行业、不同背景、不同层次的读者皆能从中有所获益。

捭阖第一……001
反应第二……012
内揵第三……021
抵巇第四……030
飞箝第五……036
忤合第六……042
揣篇第七……048
摩篇第八……054
权篇第九……061
谋篇第十……069
决篇第十一……077
符言第十二……081
转丸第十三……088

胠乱第十四……088
本经阴符七术……089
盛神法五龙……090
养志法灵龟……093
实意法螣蛇……095
分威法伏熊……097
散势法鸷鸟……099
转圆法猛兽……101
损兑法灵蓍……103
持枢……105
中经……107
附录　鬼谷子学生小传……117

捭阖第一

【引言】

《捭阖》是《鬼谷子》的开篇，是奠定纵横学说理论基础的一篇文章，之后《反应》《内揵》《抵巇》《飞箝》《忤合》这五篇的理论全部以此篇作为基础。《捭阖》的本义是开合，捭就是拨动，阖就是闭藏。捭阖之术，也就是开合有道、张弛有度。在本篇中，鬼谷子认为捭阖之术是事物发展变化的普遍规律，是掌握事物的关键，也是纵横家游说的重要说术言略。作为《鬼谷子》的开篇，《捭阖》有着举足轻重的作用，因此也成为战国谋士们游说诸侯、安身立命的重要法则。

《鬼谷子》说："捭之者，开也、言也、阳也；阖之者，闭也、谋也、阴也。阴阳其和，终始其义。"捭阖包含阴阳、进退、开闭、柔刚、大小、高低、贱贵等多方面的含义，本篇关于捭阖之道的论述，有着辩证法的色彩。同时，此篇认为，游说论辩也需讲究效果的艺术性。这种效果，主要靠捭阖来达到。

鬼谷子认为，捭阖之术是游说诸侯、操纵政治、为人处世的重要策略，同时也是世间万物运转的根本。他在此篇中告诉人们，如何合理地驾驭语言，怎样掌握好说话的

分寸和尺度，如何左右逢源、处惊不乱；想对方同意，先反驳对方，使对方激动后暴露实情，从而使我方能抓住其有理之处而赞同他，抓住他无理之处而反对他。捭阖主要由口来完成，话说得好，捭阖艺术运用得好，就能兵不血刃。

【原文】

粤若稽古①，圣人②之在天地间也，为众生之先③。观阴阳之开阖以名命物④，知存亡之门户⑤，筹策⑥万类之终始，达人心之理，见变化之朕⑦焉，而守司⑧其门户。故圣人之在天下也，自古及今，其道一也。

【注释】

①粤若稽古：按照一定的规律考察历史。粤，句首语助词，表示庄重。若，顺。稽，考察。

②圣人：指道德能力杰出的理想人物。

③众生：万物生灵，这里特指民众。先：先知先觉，这里指能够预测事物发展动向，掌握事物发展规律的人。

④命物：抓住事物本质，表述事物名称和性质。

⑤门户：指途径、道理。

⑥筹策：原为古代计算用具，这里指计算、洞察。

⑦朕：征兆，迹象，即可以观测到的事物发展征兆。

⑧守司：主持，掌管。

【译文】

纵观古今历史，那些思想道德杰出的人物生活在这个世界上，之所以成为芸芸众生先知先觉的导师，是因为他们能够通过观察阴阳二气的变化来对事物进行判断，给它们立一个确定的名号，并能够知道其生成、发展、灭亡的途径，洞察万物的变化发展过程，通晓世人的思维规律，观察世上事物、人事发生变化的征兆，从而把握事物发展变化的关键。所以，圣人在社会上立身处世，从古至今遵循的规律都是一样的。

【原文】

变化无穷，各有所归①，或阴或阳，或柔或刚，或开或闭，或弛或张。是故圣人一守司其门户，审察其所先后②，度权量能③，校其伎巧④短长。

【注释】

①所归：归宿，指不同表现。

②先后：指事物发展过程。

③度权量能：权，权变，这里指事物可以变化、可让人施术变动其发展方向的成分。能，能力，这里指事物保持自己的不变性，从而按自己的固定轨迹运行的能力。

④伎巧：即技巧。

【译文】

尽管事物的变化是无穷无尽的，但都有自己的发展规

律。有的归于阴，有的归于阳，有的柔弱，有的刚强，有的开放，有的封闭，有的松弛，有的紧张。所以，圣人要始终把握事物发展变化的关键，审查周围事物的发展过程，考察估量旁人的权谋和才能，比较技巧上谁优谁劣。

【原文】

夫贤不肖①、智愚、勇怯有差，乃可捭，乃可阖；乃可进，乃可退；乃可贱，乃可贵，无为以牧②之。审定有无与其实虚③，随其嗜欲以见④其志意。微排其所言而捭反之，以求其实，贵得其指⑤；阖而捭之，以求其利。

【注释】

①不肖：不贤能。

②牧：治理，处理。

③实虚：为人真实与虚假的表现。

④见：同“现”，发现。

⑤指：同“旨”，指旨意，主旨。

【译文】

人的秉性是有差异的，有贤良与不贤能，有智慧与蠢笨，有勇敢和怯懦。根据每个人的秉性，可以起用，也可以闭藏不用；可以举荐，也可以废黜；可以轻视，也可以敬重，要顺应人们的不同秉性分别对待他们。想要看清一个人，就要考察他有没有真才实学，对人是真诚还是虚假，并顺应他的喜好来发现其真实想法。适当地驳斥他的

言论，启发他说出真话后再加以反对，以便得到实情，了解到他的主旨；先“阖”后“捭”，从而了解对方所说的善恶利害。

【原文】

或开而示[①]之，或阖而闭[②]之。开而示之者，同其情也；阖而闭之者，异其诚也。可与不可，审明其计谋，以原[③]其同异。离合有守[④]，先从其志。即欲捭之贵周，即欲阖之贵密。周密之贵微[⑤]，而与道相追。

【注释】

①示：启示，启发。这里指启发对方让他敞开思想。

②闭：闭藏。这里指使对方控制感情。

③原：追源，考察。

④有守：确立自己的观点而信守之。

⑤微：微妙。

【译文】

或公开自己的真实情况显示给对方，或将自己的真实情况隐藏起来。公开自己的真实情况是为了博取对方的信任，将真实情况隐藏起来是为了考察对方的诚意。要想区分什么可行、什么不可行，就要审查清楚对方的计谋，洞察双方意见相同或不相同的根源。双方意见有差异时，要先纵容他，让他按照他自己的意志去办事，我方则适时而动。如果要采取积极行动，最重要的是考虑周详；如果要

静止隐藏，最重要的是缜密处事。周详和缜密的可贵在于隐藏，隐藏的最佳效果就像“道”一样微而不显。

【原文】

捭之者，料[①]其情也；阖之者，结其诚也。皆见其权衡轻重[②]，乃为之度数[③]。圣人因而为之虑，其不中[④]权衡度数，圣人因而自为之虑。

【注释】

①料：考察，估量。

②权衡轻重：测量轻重。这里指处理事情的谋略与措施。

③度数：度量，准则。

④中：符合，合乎。

【译文】

对人使用捭阖之术，或是为了探测对方虚实真假，或是为了争取对方的真诚合作，所有这些都是为了使对方显露实情，权衡比较谋略的得失，然后再顺其所想为对方做出谋划。圣人也是按照这样的方法进行考虑的，如果是不合适的谋略，圣人也只能自行考虑谋划了。

【原文】

故捭者，或捭而出之，或捭而内[①]之；阖者，或阖而取之，或阖而去之。捭阖者，天地之道[②]。捭阖者，以变动阴阳，四时[③]开闭，以化万物。纵横[④]反出，反覆反忤，必由此[5]矣。

【注释】

①内：接纳，吸收。

②天地之道：即阴阳之道。天为阳，地为阴。这里指与天地相符合的办法、手段。

③四时：指一年四季的春、夏、秋、冬，或指一天中的朝、昼、夕、夜四时。

④纵横：自由自在的变化。

⑤由此：根据捭阖原则。

【译文】

所以，对人使用捭阖之术时，或者使对方能够暴露真情实感，或者让他吐露决策被我们吸取；或抑制他以便于我们顺利起用他，或抑制他以便于抛弃他不用。捭阖之术，以与阴阳之道相符合为主旨。捭阖使阴阳二气发生变化，阴阳变动产生四季，使万物生长发育。纵和横，返和出，翻和覆，反与忤，都是事物阴阳的具体表现，都可以根据捭阖原则来区别、说明它们。

【原文】

捭阖者，道之大化[1]，说之变[2]也。必豫审其变化，吉凶大命[3]系焉。口者，心之门户也；心者，神之主也。志意、喜欲、思虑、智谋，皆由门户出入。故关之以捭阖，制之以出入。

【注释】

①道之大化：阴阳之道的关键所在。

②说之变：指游说中的某些变化。

③吉凶大命：吉凶，这里指游说成功或失败。大命，这里指游说目的。

【译文】

捭阖是自然规律的变化，也是游说之词的变化。人们必须预先知道捭阖之术的阴阳变化法则，这是游说能否成功的关键所在。口是表达内心想法的门户，心则是人们精神的居所。人们的志向愿望、爱好欲望、思索考虑、智慧谋略，都是通过口这个门户来表达。所以，要用捭阖之术来控制讲话，控制言语的出入。

【原文】

捭之者，开也，言也，阳也；阖之者，闭也，默也，阴也。阴阳其和，终始其义[①]。故言长生、安乐、富贵、尊荣、显名、爱好、财利、得意、喜欲，为“阳”，曰始。故言死亡、忧患、贫贱、苦辱、弃损、亡利、失意、有害、刑戮、诛罚，为“阴”，曰终。诸言[②]法阳之类者，皆曰始，言善以始其事；诸言法阴之类者，皆曰终，言恶以终其谋。

【注释】

①终始其义：万物始终保持着阴阳变化之理。

②诸言：各种言论。

【译文】

所谓“捭之”，就是让对方开口、让对方说话，这就是阳之道；所谓“阖之”，就是让对方闭口，让对方沉默，这就是阴之道。阴阳两个方面要调和，运用有节，结束和开始都要符合捭阖之术。所以说长生、安乐、富贵、尊荣、显名、嗜好、财货、得意、情欲等都被归于“阳”类事物，称为“开始”。而死亡、忧患、贫贱、羞辱、毁弃、损伤、失意、灾害、刑戮、诛罚等都被归于“阴”类事物，称为“终止”。那些在言论时采用“阳”类事物来立说的，都可以称为“开始”，因为他们用这类美好的语言去说服对方从事某事，诱导对方采取行动，促使游说成功；那些在言论时采用“阴”类事物来立说的，都可以称为“终止”，他们用这类令人厌恶的语言和消极不利的因素去阻止对方谋略实施，使它得到终止。

【原文】

捭阖之道，以阴阳试[①]之。故与阳言者，依崇高；与阴言者，依卑小。以下求小，以高求大。由此言之，无所不出，无所不入，无所不可。可以说人，可以说家，可以说国，可以说天下[②]。为小无内，为大无外。益损、去就、倍反[③]，皆以阴阳御其事。

【注释】

①试：探测试行。

②天下：这里指周天子。

③倍反：背离或返回。

【译文】

运用捭阖之术时，先要从阴阳两个方面来试探。与品行高尚的人讲话时，内容要崇高；跟品行卑劣的人讲话时，内容要卑下。下与小，均为阴，所以我们用卑下的阴言去打动小人；高与大，均为阳，所以我们用崇高的阳言去说服君子。根据这个方法去游说，就没有试探不出来的真实情感，就没有不听从我们决策的人，就没有不能说服的对象。用捭阖之术可以游说普通的个人，可以游说大夫，可以游说诸侯国的国君，可以游说周天子。任何事情不管是小至极点，还是大至无穷，均不能局限于本身，要有辩证观点和全局眼光，事情的损害和补益、人的离去和接近、道的背离和归属等行为，都是被阴、阳的变化所控制的。

【原文】

阳动而行，阴止而藏，阳动而出，阴隐而入。阳还终阴，阴极反阳[①]。以阳动者，德相生也；以阴静者，形相成也。以阳求阴，苞以德也；以阴结阳，施以力也。阴阳相求[②]，由捭阖也。此天地阴阳之道，而说人[③]之法也。为

万事之先，是谓圆方[4]之门户。

【注释】

①阳还终阴，阴极反阳：意为阴阳运行，彼此相生，互相转化。

②相求：互相需求，相互辅助。

③说人：与人谈话，游说。

④圆方：指世上的有形事物和无形事件。圆，以喻无形。方，以喻有形。

【译文】

阳就是活动前进，阴就是静止隐藏，阳动必然显现，阴止必然潜藏。阳返还停止于阴，阴到了极点，就会转化为阳。凭借阳气活动的人，要靠道德来互相感化；凭借阴气隐藏的人，要用可以看见的行动互相帮助。从阳的方面去追求阴，要以道德包容对方；从阴的方面去接近阳，就要显现出来实际去做。阴阳相辅相成，互为其用，集中体现在捭阖之术上。这就是天地自然界以及人世社会中的阴阳之道，这就是游说他人的根本原则。捭阖是万事万物的既定法则，因此被称作“天地万物运行的门户”。

反应第二

【引言】

本篇是《鬼谷子》的第二篇，是关于如何得到对方情报的一篇专论，是纵横思想的重要篇章。“反应”是有意识地刺探对方情况的谋略，是一种回环反复的思考方式。“反”是反复试探，“应”是回应。“反应”是指投石问路以观察对方反应，然后再施行对策之术。因此，反应之术更具有针对性，内容阐述也更加具体。

“听其言，观其行”是反应术的基本技巧，说话、办事要听话外之音，察不言之言。鬼谷子认为：反应可以静听，可以反诘，也可以以己推人。如果想知道别人的真实想法，就需要通过某种言辞或行动，使对方开口讲话，可以先用语言试探，然后由其言行判断他的真实意图；如有不清楚之处，再回过头来探求，反复求证，将对方引向自己的言说目的。

同时，鬼谷子还要求：运用反应术者，应全面、辩证、历史地看待问题，并要善于把握讲话的技巧。在论辩、游说时，要通过“反之、复之”来把握对方的真实意图，从而更好地掌控局势，达到自己的目的。

【原文】

古之大化[1]者，乃与无形[2]俱生。反[3]以观往，覆以验来；反以知古，覆以知今；反以知彼，覆以知己。动静[4]虚实[5]之理，不合于今，反古而求之。事有反而得覆者，圣人之意也，不可不察[6]。

【注释】

①化：教化。

②无形：阴阳变化的法则，这里指自然界和社会的基本规律。

③反：同“返”，反复的意思。

④动静：代指世间的一切事件。

⑤虚实：代指世界上一切物质。

⑥察：仔细考察。

【译文】

在古代能够化育万物的圣人，都是与无形而又无处不在的大道共同生存的。圣人处事都是从事物正反两个方面反复思考的：回顾历史，展望未来；反观过去，检验现在；反复察看以洞察对方，再回首以认识自我。动、静、虚、实的运动原理，如果与今天不相符合，我们可以回顾历史去寻找古人的经验。任何事物都需要反复比证考察才能彻底了解，这是圣人教导我们的，我们不可以不去仔细研究。

【原文】

人言者，动也；己默者，静也。因[1]其言，听其辞[2]。言有不合[3]者，反[4]而求之，其应必出。言有象[5]，事有比[6]，其有象比，以观其次。象者象其事，比者比其辞也。以无形求有声。其钓语[7]合事，得人实也。其犹张罝[8]网而取兽也，多张其会[9]而司之。道合其事，彼自出之，此钓人之网也，常持其网驱之。

【注释】

①因：循，顺着。

②辞：倾诉，主张，陈情。

③不合：前后矛盾。

④反：反问，反诘。

⑤象：形象。这里指言辞中涉及的事物形象。

⑥比：并列，类比。这里指同类事物。

⑦钓语：形容引诱对方说出实情的试探性、启发性话语。

⑧罝（jū）：即捕兽的网。

⑨会：聚集的意思。

【译文】

别人侃侃而谈的时候，是动态；自己沉默倾听的时候，是静态。根据对方的言论，听出他话语中透露出的真实想法。如果发现对方言辞中有前后矛盾或不合情理的地方，就要反复地追问他，从而迫使他在应声回答时再度思量，

露出真情。语言有可以模拟的形态，事物有可以类比的规范。通过“象”和“比”的手法来探求言辞背后所隐藏的真实意图。所谓“象”，就是用形象化的手法来比喻事物，所谓“比”，就是以同类的言辞进行类比。我们就这样用静默去探求别人言辞中的隐含意图，就好像用饵钓鱼一样，用静默和反诘去“钓”别人的言辞，通过“钓”得的言辞去判断他的决策，以掌握对方的真实想法。这又像张开网捕野兽一样，多设一些网，聚集在一起等待野兽自投罗网。如果把捕兽的方法用在人事上，一旦方法得当，符合情理，对方必然会自己吐露实情，这就是“钓”人的网，应常用这样的“钓”人方法去掌握别人，使其为己所用。

【原文】

其不言无比，乃为之变。以象[①]动之，以报其心，见其情，随而牧[②]之。己反往，彼覆来，言有象比，因而定基[③]。重之袭之，反之覆之，万事不失其辞。圣人所诱愚智，事皆不疑。故善反听[④]者，乃变鬼神[⑤]以得其情。其变当也，而牧之审也。牧之不审，得情不明；得情不明，定基不审。

【注释】

①象：设象，我们做出某种表象。

②牧：即考察、察知。

③定基：这里指掌握对方意向的主流。

④反听：从正反两面反复考察了解事物。

⑤鬼神：指死者的灵魂和万物神明，也指天地间一种精气的聚散变化。

【译文】

如果对方不接我们的话语，不回答我们的反问，就要改变讨论的方式。用“象”的手法来使对方开口，即迎合他的心意，使他透露真情，进而控制对方。自己在和对方经过这样多次反复之后，就可以知道对方的底细，因此就能确定说服对方的基本策略和基本观点。这样反复探究，任何事情都可以从对方言辞中得知。圣人用这种方法诱导、感化愚者或智者，任何真情都可以测得而毫无疑惑。古代善于这样探查对方的人，通常能够用鬼神莫测的手段来获得实情。他们随机应变得当，能详尽地考察对方。如果不能详尽考察对方，是因为从对方获得的言辞信息不明；得到的情况不明了，就不能确定掌控对方的谋略。

【原文】

变象比，必有反辞，以还听[①]之。欲闻其声反默，欲张反敛[②]，欲高反下，欲取反与[③]。欲开情[④]者，象而比之，以牧其辞。同声相呼，实理同归。

【注释】

①还听：即反听。

②敛：收藏，制止。

③与：给予。

④开情：让对方吐露情怀。

【译文】

如果不了解对方的情况，就要灵活运用模仿和类比，不断使自己言辞中透露出的“象”“比”信息得到改变，这样对方一定有“反应”的言辞，这时自己再反过来倾听。我们想要听对方讲话，自己要先用沉默来逗引他；想让对方张口，自己要先收敛；想让对方升高，自己要先下降；想从对方那里有所获取，自己就要先给予对方好处。要想了解对方的内情，就要善于运用模仿和类比的方法，把握对方的言辞。声音相同，彼此就会产生共鸣；看法一致，彼此就会走到一起。

【原文】

或因此，或因彼，或以事上[①]，或以牧下[②]。此听真伪，知同异，得其情诈[③]也。动作言默，与此出入，喜怒由此以见其式[④]。皆以先定[⑤]为之法则。以反求覆，观其所托[⑥]，故用此者。己欲平静以听其辞，察其事，论万物，别雄雌。虽非其事，见微知类[⑦]。若探人而居其内，量其能射其意，符应[⑧]不失，如螣蛇[⑨]之所指，若羿[⑩]之引矢。

【注释】

①事上：这里指从谈话开始处考察对方意图。

②牧下：这里指从谈话结尾处入手审查对方意图。

③情诈：真诚和虚伪。

④式：定式，形态，态势。

⑤先定：自己要先做好准备。

⑥托：这里指寄托在言辞中的真情。

⑦见微知类：从微小的事情上，观察出大事物的变化。

⑧符应：某种事物产生和某种现象发生，必然引起另一种事物产生和另一种现象发生，古代称作符应。

⑨螣（téng）蛇：传说中一种能兴云作雾的神蛇。

⑩羿：即后羿，传说中的神箭手。

【译文】

反听的方法，或者用在这里，或者用在那里，或者用来侍奉君主，或者用来管理下属。这就要分辨真伪，了解异同，从而分辨对手的真实情报或诡诈之术。对方的动作、言语、口气，都可以用这种方法去考察；对方的一喜一怒，都可以用这种方法窥其端倪。所有这些，都要以自己先做好准备作为法则。用“反”来求得对方的回应，然后去观察对方言辞中所寄托的真实情感，所以用这种方法。自己要心平气和，以便能听取对方的言辞，考察事理，论说万物，辨别事物性质。即使是从对方言辞里无关紧要的事件中，也可以探知其中隐含的真情实意。运用这些方法去探测别人就好像钻到他心中探测一样，可以准确地估计出他的能力，猜测出他的本意。这种方法就像螣蛇指示祸福那样准确无误，就像后羿张弓射箭一样百发百中。

【原文】

故知之始己，自知而后知人也。其相知[①]也，若比目之鱼[②]；其见形[③]也，若光之与影。其察言也不失，若磁石之取针，如舌之取燔骨[④]。其与人也微，其见情也疾。如阴与阳，如圆与方。未见形，圆以道之；既见形，方以事之。进退左右，以是司之。己不先定，牧人不正。事用不巧，是谓忘情失道[⑤]。己审[⑥]先定以牧人，策而无形容，莫见其门，是谓天神。

【注释】

①相知：这里指了解别人。

②比目之鱼：又名鲽鱼，相传这种鱼只有一只眼睛，必须两条鱼并排在一起才能游行。

③见形：指双方互相映照。

④燔骨：烧烤的骨头上所带的肉。

⑤忘情：不合实际情况。失道，抓不住本质。

⑥审：这里指审查别人的准则。

【译文】

所以要了解外界的人或事物，要从了解自己开始，只有了解自己之后，才能了解别人。如果能做到这点，我们想要了解别人时，就会像比目鱼相并而行那样一丝不差。对方一现形，就像光一样显露出来，我们就像影子一样，立刻就能捕捉到对方的真实意图。我们做到了自知，再侦

察对方的言辞，就会不失毫厘地掌握到他的真实意图，就像用磁石取针，用舌头来获取焦骨上的肉一样万无一失。自己暴露给对方的微乎其微，而侦察对方的实情却又多又快。这种探查人的方法，就像阴与阳无处不在那样，无事、无人不可用，又像画圆画方要有规和矩那样有一定的规则。即当对方形迹未显时，我们要用圆通灵活的手法去引导他；当对方形迹已显时，我们就要按照设定好的谋略去应对他。无论是向前还是向后，无论是向左还是向右，都可以用这种规则去掌握。如果自己不事先确定策略，就不能正确地支配他人。做事没有技巧，就会忘记得到情报的规律。自己首先要认真确定策略，再以此来统领众人，实施策略不要暴露意图，让对方摸不透、抓不着我们的门路，我们就能像天神那样达到难测难知的至高境界。

内揵第三

【引言】

本篇是《鬼谷子》关于进献说辞和固守谋略的方法，主要论述了臣子与君主之间的关系。其中的一些论述对于我们今天处理人际关系，也是有可借鉴之处的。

君臣素有“远而亲，近而疏”的奇妙关系，策士臣子们想要表达自己的思想谋略，就必须与君主拉拢关系。鬼谷子的“内揵术”，不仅是取宠之法，更是制君之术。“内揵术”是策士臣子们取宠见用、“驾驭”君主的不二法门。

《鬼谷子》说：“内者，进说辞也；揵者，揵所谋也。”“内”，即入内，又通“纳”，就是进谏游说之词。“揵”，即纳谏，就是坚持谋略。“内”侧重于言辞技巧，“揵”侧重于游说的效果。“内”与“揵”相辅相成，不可分离。

“内揵术”应遵循“得其情，乃制其事”的原则，策士游说君主，首先要得到君主的欢心；策士游说君主的目的，是让君主听从自己的建议，从而解决君主的难题，以实现自己的抱负。鬼谷子认为，揣度君主的心意，出谋划策时应该顺应君主心意，投其所好，迎合君心，这是游说成功的先决条件。

策士们达到自己的目的后，则应进一步运用权术谋略去“驾驭”君主，代君主决策。鬼谷子还告诉我们，遇见可以凭依的君主，可以帮他整理朝政，治理民众，谋划那些合乎君主心意的决策；若遇到不可凭依的君主，就用权谋之术应付他，再设法离去。这样才能掌握主动权，可以进，可以退，可以坚持，也可以放弃，可以进退自如。

【原文】

君臣上下之事，有远而亲，近而疏，就①之不用，去之反求。日进前而不御②，遥闻声而相思。事皆有内揵，素结本始③。或结以道德，或结以党友，或结以财货，或结以采色④。用其意⑤，欲入则入，欲出则出；欲亲则亲，欲疏则疏；欲就则就，欲去则去；欲求则求，欲思则思。若蚨母⑥之从子也，出无间⑦，入无朕⑧，独往独来，莫之能止。

【注释】

①就：靠近，凑上去。

②御：通“迓”，迎接。

③素结本始：这里指在君臣心灵之间，紧紧地连着一条绳子。素，平常。本始，本源、根本。

④采色：指容色。

⑤用其意：指迎合君主心意。

⑥蚨（fú）母：即青蚨。古代巫术认为青蚨之母与子的血可以相互吸引，用母血和子血分别涂在两枚铜钱上，两枚铜钱也

可以互相吸引。

⑦间：间隙。

⑧朕：形迹。

【译文】

君臣上下之间的事情，有的相距甚远却很亲密，有的近在咫尺却很疏远；有的投奔而来反而得不到起用，有的离开了以后却被四处诏求。有的天天都出现在君主面前却不被信任，有的只是君主遥闻其名，便被君主日夜思念。这些都是由于君臣之间内心相知的程度不同所致，本源于平素的交结。有的靠道德相联结，有的靠朋党相联结，有的靠钱物相联结，有的靠美色相联结。只要摸准了君主的心意，善于迎合其意，那么想入政就能入政，想出世就能出世，想亲近君主就能亲近，想疏远君主就能疏远，想投奔就能投奔，想离去就能离去，想被征召就被征召，想被思念就被思念，就像用青蚨母子之血涂钱可以相互招引一样，可以把君主吸引得无间无隙，这样就可以在宫廷中独往独来，没有人能够阻止。

【原文】

内者，进说辞也；揵者，揵所谋也。欲说者，务隐度①；计事者，务循顺②。阴虑可否，明言得失，以御其志③。方来应时，以合其谋。详思来揵④，往应时当⑤也。

【注释】

①隐度：暗中揣度。

②循顺：沿着，顺从。

③御其志：指迎合君主心意。

④来揵：前来进举的计谋。揵，举也，这里指进献谋略。

⑤往应时当：既迎合君意又符合形势。

【译文】

所谓“内”就是进献说辞以取得君主的宠信；所谓“揵”就是进献计谋来取得君主的宠信。想要说服君主，务必先悄悄地揣测君主的心意；进献计谋的时候，务必顺从君主的意愿。暗中分析我们的计谋是否符合时宜，向君主公开言明计谋的优劣得失，以此来迎合君主的心意。进献计谋决策必须选择适当的时机，使计谋与君主的心意容易契合。详细地思考后再来进言，让君主觉得我们进献的计谋既合形势又合他心意。

【原文】

夫内①有不合者，不可施行也。乃揣切②时宜，从便所为，以求其变。以变求内③者，若管④取揵⑤。言往者，先顺辞也；说来者，以变言也。善变者，审知地势⑥，乃通于天，以化四时；使鬼神，合于阴阳，而牧人民。见其谋事，知其志意。事有不合者，有所未知也。合而不结⑦者，阳⑧亲而阴⑨疏。事有不合者，圣人不为谋⑩也。

【注释】

①内：这里指说辞或计谋内的某部分。

②切：切摩，切磋。

③内：此处同“纳”。

④管：钥匙。

⑤揵：通“键”，锁。

⑥地势：指地理形势。

⑦结：两心相结。这里指认可、执行我们的计谋。

⑧阳：这里指表面。

⑨阴：这里指内心。

⑩谋：这里指谋划、计划。

【译文】

凡是言辞或计谋中有不符合君主心意的部分，就难以付诸实践。这时就要重新揣摩形势，从有利于君主实施出发，改变策略。以灵活变通的方式来结交君主。做到这点，就像用钥匙开锁那样，极易打开君主的心锁。游说时，凡是谈论过去的事情，要采用顺畅的言辞；凡是谈论未来的事情，要采用变通的言辞。运用自如地改变决策的人，要详细了解地理形势，精通天文四时的变化，只有这样才能驾驭鬼神，契合于阴阳变化的规律，从而掌控天下百姓。要了解君主谋划的事情，才能知晓君主的意图。所办的事情凡有不合君主之意的，那是因为君主的某种心意、某些情况我们还没有掌握；表面上我们的计谋得到了

同意但实际上并没有得到施行，那是因为君主与我们的关系表面上看起来亲密，实际上却很疏远。与君主的意见不吻合的事情，圣人是不会谋划的。

【原文】

故远而亲者，有阴德[①]也；近而疏者，志不合也。就而不用者，策不得也；去而反求者，事中来也。日进前而不御者，施[②]不合也；遥闻声而相思者，合于谋以待决事也。故曰：不见其类[③]而为之者见逆[④]，不得其情而说之者见非。得其情，乃制其术[⑤]。此用[⑥]可出可入，可揵可开。故圣人立事，以此先知而揵万物。

【注释】

①德：通“得”，得君心。

②施：措施，这里指解决问题的决策。

③类：类似，共同点。

④见逆：被排斥。

⑤术：技能，谋略，手段。这里指君主决策。

⑥此用：即“用此”。

【译文】

所以，与君主相距很远却被亲近，是因为能与君主心意暗合；距离君主很近却被疏远，是因为与君主志向不合。主动投奔却得不到重用，是因为他的计策没有实际效果；离开君主却反而被诏求，是因为他所谋划的事后来

应验了。每天都能出入在君主面前，却不被信任，是因为其计谋、规划不合君主之意；距离遥远只听到名声就被君主思念，是因为其计谋与君主相符合，君主正等待他前来决断大事。所以说：还没有找到双方类似之处就去游说的人，一定会事与愿违，在还没掌握对方实情的时候就去游说，一定会受到非议。只有充分了解了对方的真实情况与意图，才能够把握内揵之术。如此运用这种方法，我们就可以自由自在地入政、出世，就可以侍君或离去都随自己的心意。圣人立身处世，都是预先掌握信息，才得以驾驭万事万物的。

【原文】

由夫道德、仁义、礼乐、忠信、计谋，先取《诗》《书》[①]，混说损益，议论[②]去就。欲合者用内，欲去者用外，外内者必明道数[③]。揣策来事，见疑决之。策而无失计，立功建德[④]。

【注释】

①《诗》《书》：《诗》指《诗经》，是我国第一部诗歌总集，先秦称为《诗》，或取其整数称《诗三百》，西汉时被尊为儒家经典，才称为《诗经》。《书》指《尚书》，是我国第一部古典散文集和最早的历史文献。

②议论：这里指内心盘算。

③道数：规律，这里指取宠术和制君术。

④建德：这里指建立基业。

【译文】

在进行游说时，要顺合道德、仁义、礼乐、忠信、计谋的种种规范。对于君主的决策，我们要从《诗经》和《尚书》中征引语句，再综合分析利弊得失，同时在内心衡量一下此决策与自己决策的差距大小，最后再决定就任还是离职。如果决定留下辅助君主，就要与君主思想相吻合；如果想要离去，就不要争取君主的宠信。处理内外大事都必须明晓取宠术和制君术。这样才能揣测计划未来的事情，遇到疑难之事才可以迅速决断。在运用策略时只有做到不失算，才能不断建立功业和积累德政。

【原文】

治名入产业①，曰揵而内合。上暗不治②，下乱不寤③，揵而反之。内自得而外不留，说而飞之。若命自来，己迎而御之④。若欲去之，因危⑤与之。环转因化，莫知所为，退为大仪⑥。

【注释】

①治名入产业：治名，辩察名分，确立君臣等级，这里指整顿朝纲。入产业，使国家富强，这里指治理民众。

②上暗不治：君主昏庸不能推行善政。

③下乱不寤：百姓叛乱而不能察明。寤，通“悟”，醒悟。

④御之：指控制君主。

⑤危：读为“诡”，即诡计、权变之术。

⑥大仪：大法，大原则。

【译文】

能够帮助君主整顿朝纲、治理民众，这叫作从内部与君主结交。如果上层昏庸不理国家政务，下层作乱而国君不能够察觉，我们就要考虑返回，不要再替他谋划决策。如果碰到那种自视甚高、刚愎自用而听不进外人意见的暴君，我们不妨先逢迎他，博取其欢心后再逐步说动他。如果有君主来召己，就先迎合他的心意再设法逐步掌握他。如果自己想要离开君主，就说自己继续留在他的身边会危害他。就像圆环旋转往复一样，使旁人看不出你想要干什么。这就是保全自我、进退自如的大法则了。

抵巇第四

【引言】

“抵巇术”具体讨论的是游说之士的从政原则与处世态度，这种方法是纵横家处理社会矛盾和危机的方针。抵，本义是击、接触，可引申为处理、利用。巇，原为险峻、险恶之意，后引申为缝隙、矛盾、漏洞等意。抵巇，就是针对社会所出现的裂缝（即各种矛盾与问题）而采取不同的手段。

《鬼谷子》曰：“自天地之合离，终始必有巇隙。”这体现了一种朴素的唯物主义态度。“巇”是一种必然的存在。万事万物都会有裂缝、矛盾或漏洞，小的裂痕会酿成大的裂隙，而裂缝的出现是有征兆的。圣智之士能够防微杜渐，及时“抵巇”，从而做到知兆联于初萌，塞缝隙于始见。“抵”住缝隙的方法有很多，可以通过“抵”使裂痕闭塞，通过“抵”使裂痕减小，通过“抵”使裂隙消失，最后达到自己的目的。

“抵巇术”分两种，一种是消除隐患的“抵”己之“巇”，一种是乘人之隙的“抵”人之“巇”。对己之“巇”，应修补纠正；对人之“巇”，应洞察利用。

抵巇的基础是了解，是观察，是推理。事有自然，物有合离。世界的本质是运动的、变化的、发展的，所以

在运动、变化、发展的过程中必然产生巇隙。运用“抵巇术”，应顺应事物的发展变化规律，着眼全局。如果世道还可挽救，就采取措施查补漏洞，“抵而塞之”；如果世道不可挽救，就循其漏洞，乘隙而击，“抵而得之”。只有根据不同的情况采取不同的办法，才可以掌握天地间的神妙变化。

【原文】

物有自然，事有合离。有近而不可见，有远而可知。近而不可见者，不察其辞[①]也；远而可知者，反往以验来也。巇者，罅[②]也。罅者，㵎[③]也；㵎者，成大隙也。巇始有朕[④]，可抵而塞，可抵而却，可抵而息，可抵而匿，可抵而得。此谓抵巇之理也。

【注释】

①辞：言辞。

②罅（xià）：同“隙”，缝隙，指小缝。

③㵎（jiàn）：通“涧”，山沟，这里指大缝隙。

④朕（zhèn）：兆迹，迹象。

【译文】

世间万物都有它的自然发展规律，事物也都有聚散离合的法则。有的近在身边却难以看透，有的远在天边却了如指掌。距离很近却难以看透，是因为没有互相考察言辞；距离很远却能了解得很清楚，是能够对历史和现状做

出深入研究，用经验来推论将来的缘故。巇，也就是罅，小的裂缝不管，就会发展成中缝；中缝不堵，就会发展成大缝。小的裂缝刚刚出现兆迹时，通过“抵”使其闭塞，通过“抵”使其减小，通过“抵”使其破裂停止，通过“抵”使其隐匿，通过“抵”来取代它。这就是抵巇之术堵塞缝隙的基本原理。

【原文】

事之危[①]也，圣人知之，独保其身。因化[②]说事，通达计谋，以识细微[③]。经起秋毫[④]之末，挥之于太山[⑤]之本。其施外，兆萌芽蘖[⑥]之谋，皆由抵巇。抵巇之隙，为道术[⑦]用。

【注释】

①危：危险的征兆。

②因化：顺应变化。

③细微：这里指产生罅隙的原因。

④秋毫：秋日羊毫，以喻细微。

⑤太山：即泰山，以喻大而坚固的物体。

⑥芽蘖（niè）：伐木后从根部生发的新芽。

⑦道术：这里指游说处世权术。

【译文】

当事情出现危险征兆的时候，圣人能洞察一切，并且采取措施进行自保。在能够自保后，圣人会顺应事物的

变化并暗中思量琢磨，制定各种策略来找到产生微隙的原因。事情初起时如秋毫之末那样微小，发展起来就可以产生撼动泰山根基的效果。所以把德政向外推行时，一定要运用抵巇之术，在罅隙尚处于萌芽状态时发现，并采用抵巇之术来弥补。抵巇堵塞缝隙，是游说处世权术。

【原文】

天下纷错[①]，士无明主，公侯无道德，则小人谗贼[②]，贤人不用。圣人窜匿，贪利诈伪者作。君臣相惑，土崩瓦解而相伐射[③]。父子离散[④]，乖乱反目。是谓萌芽巇罅。圣人见萌芽巇罅，则抵之以法。世可以治则抵而塞之，不可治则抵而得之。或抵如此，或抵如彼。或抵反之，或抵覆之。五帝之政[⑤]，抵而塞之。三王之事[⑥]，抵而得之。诸侯相抵，不可胜数。当此之时[⑦]，能抵为右[⑧]。

【注释】

①错：混乱，骚乱。

②谗贼：指用恶劣言行加害于人。

③射：射箭，这里指战斗。

④父子离散：“父不父，子不子”，指父子关系失去礼仪。

⑤五帝之政：指像黄帝、颛顼、帝喾、尧、舜那样的德政。相传五帝时行禅让之法。五帝，一说为伏羲、神农、黄帝、尧、舜，一说为黄帝、颛顼、帝喾、尧、舜。

⑥三王之事：指像禹、汤、文王那样的政事，夏、商、周三代皆以征伐得天下。

⑦当此之时：指战国时期。

⑧右：上。古礼尚右，以右为上。

【译文】

天下都纷乱动荡的时候，朝廷没有贤明的君主，公侯没有道德。小人就会谗害圣贤，贤能之人也不会被任用。圣人逃匿躲藏起来，贪赃枉法者兴风作浪，君臣之间互相猜疑，国家纲纪土崩瓦解，以致各种势力互相攻战杀伐，父子离散不合，彼此反目成仇。这些就叫作“轻微的裂痕”。当圣人看到轻微的裂痕时，就会采取相应的手段去对付这种局面。当国家还能够治理时，就采取措施弥补漏洞，恢复原状。如果国家不可治理，就循其缝隙，毁掉它后再重新塑造。或用这种手法治世，或用那种手法治世；或通过“抵”使其恢复原状，或通过“抵”将其重新塑造。五帝时代的政治，是以抵巇之术堵塞天下，帮其弥补漏洞。三王时代的政治，是以抵巇之术取代它，从而得到天下。当今之世，诸侯之间互相征伐，其次数之多已无法统计。在这个时候，善于运用抵巇之术者就能成功。

【原文】

自天地之合离、终始，必有巇隙，不可不察也。察之以捭阖，能用此道，圣人也。圣人者，天地之使也。世无可抵[①]，则深隐而待时；时有可抵，则为之谋。此道可以上合，可以检下。能因能循，为天地守神[②]。

【注释】

①无可抵：没有可以抵击的缝隙，指太平盛世。

②天地守神：把守天地的精神，这里指能掌握自然规律的变化。

【译文】

自天地有离合、始终以来，裂隙总是相伴相随，我们不可不留心观察。用捭阖之术去明察世道，又能运用抵巇之术解决问题的，就是圣人了。所谓圣人，乃是天地的使者。假如世间没有裂隙需要抵塞，就隐居起来等待时机；当世间出现裂隙需要抵塞时，就用抵巇之术进行谋划。这种方法可以协助君主治理国家，也可以对百姓进行督查，如果能够顺应自然规律来运用，就能够掌握天地间一切自然规律的变化。

飞箝第五

【引言】

本篇是《鬼谷子》中的重要篇章，与法家所讲的君主控制下属这样的制人之术不同，本篇所言的制人之术讲述的是作为下属的谋士该如何控制君主。“飞箝术”意在运用褒扬之词引出对方的真实意图，进而钳制、控制对方，从而达到控制和掌握对方的目的。“飞”，即褒扬，激励；“箝”，通“钳”即钳制、控制。

《鬼谷子》的“飞箝术”是通过言辞来控制人的权术。它不仅是引人之术，还是服人之术，更是用人之术。运用“飞箝术”对付别人时，要审度权谋，权衡形势，对于那些帮助我们决策的人，揣摩他的心意，知道他的喜好，然后用动人的话语套住对方，从言谈之中察知他的真实意图，喜欢名利就用名利诱惑他，爱好美色则以美色诱惑他，贪恋权势就用高官利禄诱惑他，最后使对方为我所用。

“飞箝之术”可以用于人际关系的处理，也可以用于分析各国天时、地利及人和等各方面情况，达到与对方建立密切关系的目的，还可以运用于合纵或者连横。

掌握了“飞箝术”的运用方法，就能准确权衡人的智能、才干和气质，便可以运筹帷幄，掌控全局，实现纵横

策士们的政治目的，这样就可纵可横，可南可北，可东可西，可反可复。

【原文】

凡度权量能，所以征远来近。立势[①]而制事，必先察同异，别是非之语，见内外之辞[②]，知有无之数，决安危之计，定亲疏之事。然后乃权量之，其有隐括[③]，乃可征，乃可求，乃可用。

【注释】

①立势：确立威势。

②内外之辞：内是实质，外是表面，也就是事情的反正两面。

③隐括：即檃栝，本指矫正竹木弯曲的工具，引申为矫正人的错误、缺点。

【译文】

凡是揣度人的智谋、考量人的才干，必须广泛收集或远或近的各方面信息，制定确立威势的措施，观察对方的观点与自己的观点是否一致，辨别出对方言语中的是与非，分辨出对方言语中表面和背后的含义，判断对方是否具有高超的权谋韬略，能够制定图谋大事的计谋，从而确立君臣间应有的亲疏关系。然后在实践中加以检验衡量，对于那些可以匡正裨补我们决策的人，便征召他，聘请他，重用他。

【原文】

引钩箝之辞，飞而箝之。钩箝之语，其说辞也，乍同乍异。其不可善者，或先征之而后重累，或先重以累而后毁之[①]。或以重累为毁，或以毁为重累。其用或称财货、琦玮[②]、珠玉、璧帛、采色以事之，或量能立势以钩之，或伺候见㵎[③]而箝之，其事用抵巇。

【注释】

①毁之：诋毁其人的短处。

②琦玮：珍贵的宝玉。

③㵎：这里指漏洞、把柄。

【译文】

与人谈话时，首先把赞扬的话语传达给他，通过恭维来钳制他们。以钩钳之词进行游说，在交谈之时要忽而表示认同，忽而表示反对，以便了解对方的真实意图。对于那些以钩钳之术仍没法控制的对手，可以先不断提高他的名誉，使其名不副实，为日后诋毁他做充足的准备，一次不行就多次实施，直到毁掉对方为止。有时候赞扬对方优点使其缺点暴露是诋毁，有时历数其缺点使他优点显露也是为了最终诋毁他。想要重用某些人时，或者先赏赐财物、珠宝、玉石、白璧和美女，以便对他们进行试探；或者依据他才能的大小，用名禄地位来吸引他；或者通过寻

找漏洞来控制对方，以上办法都是要结合“抵巇之术”来运用的。

【原文】

将欲用之于天下，必度权量能，见天时[1]之盛衰，制[2]地形之广狭，岨崄[3]之难易，人民货财之多少，诸侯之交孰亲孰疏、孰爱孰憎，心意之虑怀。审其意，知其所好恶，乃就说其所重，以飞箝之辞，钩其所好，以箝求之。

【注释】

①天时：指国家命运的发展趋势。

②制：知的意思。

③岨崄（zǔ xiǎn）：山川险要之处。岨，同“阻”。

【译文】

假如要将飞钳之术运用到天下大势政治斗争中，在游说君主时，一定要揣度君主的权谋与能力，观察国家命运的发展趋势，知悉该国地形的宽窄和山川险要之处的攻守难易，掌握该国人口、财富的多少，了解其与哪个诸侯国亲密友爱，与哪个诸侯国疏远仇恨，还要了解君主心中的打算。摸准了君主的心意，了解了他喜欢什么、讨厌什么，然后针对君主最重视的事进行游说，再用“飞”的方法诱出对方的爱好所在，最后用“钳”的方法把君主控制住。

【原文】

用之于人[①]，则量智能、权材力[②]、料气势，为之枢机[③]。以迎之随之，以箝和之，以意宣之，此飞箝之缀[④]也。用之于人，则空往而实来，缀而不失，以究其辞。可箝而从[⑤]，可箝而横；可引而东，可引而西；可引而南，可引而北；可引而反，可引而覆。虽覆能复，不失其度[⑥]。

【注释】

①人：这里指君主以外的其他人。

②材力：指才干。材，同“才”。

③枢机：转动门户的轴叫枢，启动发射的装置叫机，文中引申为事物的关键。

④缀：联结。

⑤从：通“纵”。

⑥度：一定准则。

【译文】

运用飞钳之术和别人打交道，就要揣摩对方的智慧，权衡对方的才干，度量对方的气势，把对对方的充分了解作为与之相处的关键。去迎合他、追随他，用飞钳之术调和他与我们的差距，使双方相互适应、协调，再用我们的意图去开导、启发他，这就是用飞钳来联结。对人使用飞钳之术时，要先用赞扬、称颂手段去赞誉对方，使对方说出真情，收到

实效，然后紧紧与之联结，研究他话语中的真意。做到这些，就可以钳制对方，使他向纵的方向，使他向横的方向；使他向东，使他向西；使他向南，使他向北；使他从起点返回，或者使他返回后再翻过来。反反复复去做，但不失去一定的准则。

忤合第六

【引言】

本篇主要是说明纵横之士的归宿问题。“忤合术”是以反求合的方法。“忤”是忤逆、反忤、相悖的意思，“合”是趋合、顺应、相向之意。忤合术的实质是“以忤求合”，认为要达到某一目的，实现自己的意愿，必须曲折求之，以此求彼。

《鬼谷子》认为：“世无常贵，事无常师。”事物总是处在变化之中，世间万物趋合与背反是普遍存在的，它们时而互逆，时而互补，时而互换，或者合于此而忤于彼，或者合于彼而忤于此，变化多端。由此可知，“忤合”是事物发展变化中的应变常规。

鬼谷子主张“因事为制”，善于“向背”，精于“忤合”。圣明的人应该掌握这一规律，任何事物都有正反逆顺的发展形势，都有反忤之道——或者合于此忤于彼，或者合于彼忤于此。这种反忤之术大而言之可以协四海、包诸侯，小而言之可以运用到与人的交往上。

【原文】

凡趋合倍反[①]，计有适合。化转[②]环属[③]，各有形势。反覆相求，因事为制[④]。是以圣人居天地之间，立身、御

世、施教、扬声、明名⑤也，必因事物之会⑥，观天时之宜，因知所多所少，以此先知之，与之转化。

【注释】

①趋合倍反：趋合是趋向合一，相当于“合”；倍反是背逆，相当于“忤”。倍，同“背”。

②化转：变化转移。

③坏属：像铁环一般联结起来而没有裂缝。

④因事为制：指要根据实际情况进行控制。因，依据、凭借。制，法则，法度，控制。

⑤明名：显示名誉。

⑥会：时机，机会。这里指世间事物凑到一起的时机。

【译文】

凡是要趋向合一或背叛分离，都必须有适合当时现实情况的计谋。变化和转移就像铁环一样环连而无缝隙，而且各有不同的形式。要反反复复从正面、反面仔细研究，根据实际情况进行控制。所以圣人生活在世界上，立身处世都是为了教化众人，扩大影响，宣扬名声。他们还必须根据事物之间的联系来考察天时，以便抓住有利时机，并依据它们的损益变化来修改自己的决策，依据它们的发展变化来调整自己的策略方针。

【原文】

世无常贵，事无常师。圣人无常与，无不与；无所

听，无不听。成于事而合于计谋，与之为主。合于彼而离于此，计谋不两忠，必有反忤[①]。反于此，忤于彼；忤于此，反于彼。其术[②]也。

【注释】

①反忤（wǔ）：即本篇所说的“忤合”。

②术：忤合之术。

【译文】

世上没有永远显贵的事物，事物没有永恒的师长和榜样。圣人做事，没有永久不变的参与或不参与，也没有永久不变的听从或不听从。假如事情必然成功，而且又与计谋相合，就应该以此作为主体。如果计谋合乎一方的利益，就要背叛另一方的利益。凡是计谋不可能同时与两个对立物相符合，一定会出现相合、相逆的情况。忤合之术必然违背某一方的意愿。合乎这一方的意愿，就要违背另一方的意愿；违背另一方的意愿，才可能合乎这一方的意愿。这就是忤合之术。

【原文】

用之于天下，必量天下而与之；用之于国，必量国而与之；用之于家，必量家而与之；用之于身[①]，必量身材能气势而与之。大小[②]进退，其用一也。必先谋虑计定[③]，而后行之以飞箝之术。

【注释】

①身：个人。

②大小：指上述天下、国、家、个人。

③计定：确定计谋。

【译文】

如果把这种忤合之术运用到天下，一定要根据天下的实际情况决定顺从谁；如果把这种忤合之术用到某个诸侯国，必定依据诸侯国的情况来制定实施措施；如果把这种忤合之术运用到某个家庭，一定要根据家族的实际情况运用它；如果把这种忤合之术用到某一个人，必定衡量这个人的才智、能力、气度，从而制定实施措施。总之，无论对象的大小或策略的进退，反忤术的应用都有一定的基本规律。即必定先用忤合之术进行谋划、确定何去何从，再以飞钳之术来实现它。

【原文】

古之善背向①者，乃协四海，包诸侯，忤合之地而化转之，然后求合。故伊尹②五就汤③，五就桀④，而不能有所明，然后合于汤；吕尚⑤三就文王，三入殷，而不能有所明，然后合于文王⑥。此知天命之箝，故归之不疑也。

【注释】

①背向：即忤合。背，背离，即忤。向，趋向，即合。

②伊尹：商朝初年著名政治家，辅助商汤灭夏，为商朝建立立下了汗马功劳。

③汤：商朝开国君主。

④桀：夏朝最后一个君主，荒淫无道，被商王汤所灭。

⑤吕尚：即姜子牙，辅佐周文王、周武王，对周朝的建立贡献极大，是齐国的始封主。

⑥文王：姓姬名昌，周武王之父，为武王灭商奠定了基础。

【译文】

古代善于实施忤合之术的人，能够驾驭四海之内的各家势力，控制各个诸侯，并且能够依据实际情况的变化来改换实施措施，然后运用此术以求与明主相合。过去伊尹五次臣服商汤，五次臣服夏桀，但心里还是不明白投奔谁，最终决定一心臣服商汤。吕尚三次臣服周文王，三次臣服殷纣王，但心里还是不明白到底投奔谁，最后决定归服周文王。经过多次忤合之后，明白了天命的归向，所以才毫无疑虑地投向新王朝。

【原文】

非至圣达奥[①]，不能御世；非劳心苦思，不能原[②]事；不悉心见情，不能成名[③]；材质不惠[④]，不能用兵；忠实无真，不能知人。故忤合之道，己必自度材能知睿，量长短远近孰不如。乃可以进，乃可以退，乃可以纵，乃可以横。

【注释】

①达奥：通达高深的道理。

②原：追溯，推究。

③名：事物的名称，这里作动词用，命名。

④惠：通“慧”，聪颖。

【译文】

对于一个纵横家来说，如果没有高尚的品德，没有通达高深的道理，就不可能驾驭天下；如果不用心冥思，就不能追溯事物的本源；如果不能全神贯注地去发现事物的本质，就不能给事物成功命名；如果个人才能不佳，聪慧不够，就不能统兵作战；如果忠厚朴实却无真知灼见，就不可能有察人之明。所以，忤合的规律是：首先自我估量聪明才智，然后衡量他人的优劣长短，确定对方不如自己之后再实施。只有这样才能可进可退，纵横天下。

揣篇第七

【引言】

“揣术”是纵横家的核心思想之一，讲的是“量权”和“揣情”，是游说的开始。本篇特指揣测人主之情，主要讲揣测人主之情的方法和意义。量权，强调要善于权量天下局势，即对一国的经济实力、兵源情况、地理位置、人才有无、诸侯国联盟、民心背向等进调查研究。揣情，强调要揣摩诸侯的实情，即选择有利时机，通过观察、询问、试探等手段，掌握君主的打算、意向等。

《鬼谷子》认为，要掌握天下大事，必须善于“揣天下之权，而揣诸侯之情”，也就是要权量局势以计划国家大事，揣摩实情以游说列国君王，从而做出准确的判断，制定自己的计谋策略，最终达到自己的目的。

运用“揣术”，一定要善于观察，掌握对方的具体情况。“揣情”是否准确，直接关系到游说的成败。“故计国事者，则当审权量；说人主，则当审揣情”。可见，量权、揣情是谋略的根本，游说的法则。而本篇也可以说是下文《摩篇》《权篇》《谋篇》《决篇》的前提和基础。

【原文】

古之善用天下者，必量天下之权而揣①诸侯之情。量

权[②]不审，不知强弱轻重之称[③]；揣情不审，不知隐匿变化之动静。

【注释】

①揣：推测对方的心理。

②量权：量是用秤称重量，权是秤所用的砣。这里指衡量，比较。

③称：相当，相符，引申为与实际情况相符的信息。

【译文】

古时候，那些善于处理天下纠纷进而操纵天下局势的人，必定能准确地把握天下政治形势的变化，善于揣测诸侯国国王的内心所想。如果不能周密切实地审时度势，权衡利害，就不知道哪个诸侯国强大、哪个诸侯国弱小，就不能真正了解诸侯国在各国外交中地位的轻重；如果不能准确地把握诸侯国国君的心意，就不能掌握他真正的想法以及其对瞬息万变的世情的真实内心看法。

【原文】

何谓量权[①]，曰：度[②]于大小，谋[③]于众寡，称货财有无之数，料[④]人民多少，饶乏有余不足几何；辨地形之险易，孰利孰害；谋虑孰长孰短；揆[⑤]君臣之亲疏，孰贤孰不肖；与宾客[⑥]之知慧，孰少孰多；观天时之祸福，孰吉孰凶；诸侯之交，孰用孰不用；百姓之心，去就变化，孰安孰危，孰好孰憎。反侧孰辩[⑦]，能知此者，是谓量权。

【注释】

①量权：即对一个国家综合实力进行充分了解。

②度：计算。

③谋：考虑。

④料：估算。

⑤揆（kuí）：推测揣度。

⑥宾客：古代称被礼遇为军师和策士的人为“宾客”。

⑦辩：通“辨”，辨别，辨明。

【译文】

怎样才叫量权，就是要计算一个国家地域的大小，考虑谋士的多少，衡量国家经济实力强弱，估算人口有多少，他们的贫富情况如何；考察一国的山川地貌的险要与平易，利于固守还是利于敌方进攻；考察一个国家的国君谁擅长谋划长远，谁只看重眼前；推断君臣间的亲疏关系，知道哪些人贤德，哪些人不贤能；判断对方宾客中哪些足智多谋，哪些是平庸之才；观察国家命运的发展趋势，哪国有吉福，哪国有凶祸；考察诸侯间的结盟关系，谁是可以效力的，谁是不能效力的；考察民心向背和变化状况，哪国民心安定，哪国民心不稳，谁被人民热爱，谁被人民憎恨。对上述事态发展变化进行准确辨明，才能叫作量权。

【原文】

揣情者，必以其甚喜之时，往而极其欲也，其有欲

也，不能隐其情；必以其甚惧之时，往而极其恶[①]也，其有恶也，不能隐其情。情欲必出其变[②]。感动而不知其变者，乃且错[③]其人，勿与语而更问其所亲，知其所安。夫情变于内者，形见于外。故常必以其见[④]者而知其隐者，此所以谓测深揣情。

【注释】

①恶：厌恶、害怕之事。

②变：指好恶喜惧变化。

③错：通“措”，安置。

④见：同“现”，显现。

【译文】

运用“揣情”的人，必须在对方最高兴的时候迎合他，尽力去满足他最大的欲望，他吐露欲望的时候，我们就能探测到他的真情；又必须在对方最恐惧的时候，去讨论他厌恶之事，因为他被恐惧所刺激，就不能隐瞒住实情。真情实意必定是在他的情感发生极端变化的时候不自觉地表现出来的。如果是那些已经触动了感情，却不显露在外部神态中的人，就要改变游说对象，不要再对他说什么了，而应向他所亲近的人去游说，了解他安身立命而能不露神色的依据。一般说来，内心情感发生剧烈变化，一般会在外部表现出某种形态。我们都依据对方外部显现出的形态去揣测他内心隐藏的真情实意，这就是所说的“测深揣情”。

【原文】

故计国事者，则当审权量；说人主，则当审揣情。谋虑情欲必出于此。乃可贵，乃可贱；乃可重，乃可轻；乃可利，乃可害；乃可成，乃可败。其数一也。故虽有先王之道①、圣智之谋，非揣情，隐匿无可索之。此谋之大本②也，而说之法也。

【注释】

①先王之道：古代先贤圣王留下的经验。

②本：根本。

【译文】

所以谋划国家大事的人，就应当详细衡量本国的各方面力量；游说诸侯国的君主，则应当全面揣测君主的想法。一切谋略和考虑的出发点就在于此。善于运用“量权”和“揣情”之术的人，就可以富贵，可以被重用，可以获得利益，可以取得成功。不善于运用这种方法的人，就会变得贫贱，不被重用，受到损害，最终失败。其关键所在，就看能否掌握“量权”和“揣情”之术。因此说，即使有古代贤王的治世经验，有圣智之士的高超智谋，不懂得“量权”和“揣情”之术，面对着隐藏了真实情况的事实，也依然不能识破它。“量权”和“揣情”之术是谋略的根本，是游说的法宝！

【原文】

常有事于人，人莫能先，先事而生，此最难为。故曰揣情最难守司，言必时有谋虑。故观蜎飞蠕动[①]，无不有利害，可以生事。美生事者，几[②]之势也。此揣情饰言[③]成文章，而后论之也。

【注释】

①蜎（juān）飞蠕动：这里指小虫子的飞动或爬行。

②几：细微，这里引申为事物初起。

③饰言：修饰言辞。

【译文】

对人实施“量权”和“揣情”之术，没有人能够与之争光，在事情发生前便能测知将要发生的事件进程，这是最难做到的。因此说揣情之术最难以把握运用，游说活动必须深谋远虑地选择时机。所以连昆虫的飞行与蠕动，也都包含着利益和祸害，可以使事物发生变化。而任何事情在刚刚产生之时，都呈现一种微小的态势。这就要求我们掌握揣情术，善于修饰言辞，然后再进行论说。

摩篇第八

【引言】

“摩”，即琢磨，此篇讲“摩”的方法。即在“揣”的基础上，进一步与对方接触，对其进行揣测。在本篇中，鬼谷子主要介绍了从内心情感变化揣测实情的具体方法。《鬼谷子》说：“摩者，揣之术也。内符者，揣之主也。”由此可见，《摩篇》可以说是《揣篇》的姊妹篇，是《揣篇》的发展和延伸，因此人们一直把纵横家的手段称为“揣摩之术”。

《鬼谷子》认为，善于“摩”的人就像渔翁一样不动声色，“操钩而临深渊，饵而投之，必得鱼焉”。强调谋划要周密，沟通的方法要得当，将游说法则与时机紧密结合。“摩”的目的就是“成事”，还要在隐秘中进行。即“谋之于阴”而“成之于阳”。

“摩”的行为方式是有规律的。高明的“摩”者，善于独立思考，能够从外在信息辨察对象的内心欲求，把握对象的内心，从而游说他，设谋使之对我方言听计从。物以类聚，人以群分，按照一定的规律，不断延伸与变化，将心比心，将事比事。“摩”在于自己，“符”在于对方，任凭而用之，一切事情便明了于心。

【原文】

摩者，揣之术也。内符[①]者，揣之主也。用之有道[②]，其道必隐[③]。微摩之，以其所欲，测而探之，内符必应。其所应也，必有为之。故微而去之，是谓塞窌[④]、匿端、隐貌、逃情，而人不知，故能成其事而无患。摩之在此，符应在彼，从而用之，事无不可。

【注释】

①内符：情欲活动在内，符验就表现在外。

②道：这里指基本规律，一定的准则。

③隐：隐暗，暗中行事。

④塞窌（jiào）：这里指把自己“摩”的手法和目的隐藏起来。

【译文】

所谓“摩”，是与“揣情”紧密相连的一种游说方法。人的内心真实想法必然表露在外，研究那些外在表象的内在心理原因，是揣的主要目的。摩在使用时要遵循一条基本原则，就是必须在秘密中进行。暗地里对人运用摩的方法，根据对方的欲望投其所好进行测探，其内心想法就会通过外部形象反映出来。一旦对方有所反应，我们就能够有所作为。在达到目的之后，要在适当的时候离开对方，把动机隐藏起来，消除痕迹，伪装外表，掩饰真情，从而不被对方察觉，这样事情办成了，也没有留下隐患。

我们在这里对他实施摩法，他在那里必然有所反应而被我们掌握，我们再根据他的反应去做事，就没有什么事情办不成了。

【原文】

古之善摩者，如操钩而临深渊，饵而投之，必得鱼焉。故曰主事日成而人不知，主兵日胜而人不畏也。圣人谋之于阴，故曰神；成之于阳，故曰明。所谓主事日成者，积德①也，而民安之不知其所以利；积善也，民道之不知其所以然，而天下比之神明也。主兵日胜者，常战于不争②不费，而民不知所以服，不知所以畏，而天下比之神明。

【注释】

①积德：积累德行，指对民众的好处一个接着一个。

②战于不争：即用计谋权术消弭战祸。

【译文】

古代善于摩的人，就像拿着钓钩到深渊边上钓鱼一样，只要把带着饵食的钩投入水中，就可以钓到鱼。所以说，掌握了摩法的人，主持国家政治、经济大事，就会一天比一天取得更大的成效而不被人察觉；指挥军队就会每天都打胜仗，而士兵不会感到恐惧。圣人谋划行动总是在暗中进行，所以被称为“神”，成功而显现在光天化日

之下，所以被称为“明”。所谓主持国家政治、经济大事一天比一天取得更大的成效，就是积累德政，老百姓安居乐业，却并不知道谁给了他们利益；他们积累善政，民众都在遵循却并不知道为什么这么做，因此普天之下的人们都把这样的圣智之士称作“神明”。指挥军队每天都打胜仗，是因为他经常不战而胜，不耗费资财，老百姓不知道他怎样使敌人臣服，不知道他怎样使敌人畏惧，因此普天之下的人们都把这样的圣智之士称作“神明”。

【原文】

其摩者，有以平，有以正，有以喜，有以怒，有以名，有以行，有以廉，有以信，有以利，有以卑。平者，静也；正者，宜[①]也；喜者，悦也；怒者，动也；名者，发也；行者，成也；廉者，洁也；信者，期也；利者，求也；卑者，谄[②]也。故圣人所以独用[③]者，众人皆有之，然无成功者，其用之非也。

【注释】

①宜：适宜，相宜。

②谄：通“韬”，隐瞒，隐藏。

③独用：独自使用，这里指圣人使用的手段。

【译文】

摩的方式有很多，有的用平，有的用正，有的用喜，有

的用怒，有的用名，有的用行，有的用廉，有的用信，有的用利，有的用卑。平就是镇静的意思，正就是恰好适宜，喜就是让人高兴，怒就是使人发怒，名就是传播声名，行就是成就事业，廉就是保持高尚，信就是给人期待，利就是有所追求，卑就是让人隐藏。所以，圣人独自使用的这些方法，普通人也都可以使用，但是很少有人成功，其原则就在于没有遵循因人而异的规律。

【原文】

故谋莫难于周密，说莫难于悉听，事莫难于必成。此三者，唯圣人然后能任之。故谋必欲周密，必择其所与通者说也，故曰或结而无隙①也。夫事成必合于数②，故曰道数与时相偶者也。

【注释】

①无隙：紧密。

②数：技术，这里指游说技术。

【译文】

所以说，谋划策略，最难做到的是周密无隙；游说别人，最难做到的是让别人完全听从自己的意见；办事情，最难做到的是一定要取得成功。这三种境界，只有那些掌握了摩这类权术的圣人们才能够达到。要想使计谋周密，必须选择与自己可以心意相通的对象一起谋划，所以说这

就像给绳子打结一样紧密相连而没有缝隙。要想办事成功，必须符合游说的技巧。这叫作客观规律、行动方法与时机三者相互配合。

【原文】

说者听必合于情，故曰情合者听。故物归类，抱薪趋[①]火，燥者先燃；平地注水，湿者先濡[②]。此物类相应，于势譬犹是也。此言内符之应外摩也如是。故曰摩之以其类焉，有不相应者，乃摩之以其欲，焉有不听者？故曰独行之道。夫几[③]者不晚，成而不拘，久而化[④]成。

【注释】

①趋：小跑。这里指扔向火中。

②濡：沾湿，浸湿。

③几：事物的微小征兆。

④化：生成。

【译文】

游说时想要让别人完全听从你的意见，就要揣摩准确别人内心的真实想法，两情相合而别人必定听从、采纳。世界上万事万物都有各自的规律，抱起柴草扔进火中，干燥的柴草首先着火燃烧；往平地上倒水，湿润的地方先积水。物类互相应合，在形势上必然像这样。这里说的内符回应外摩也是这个道理。所以说，运用摩的手法，就是要用同类去感应；如果没有感应，就要用满足对方欲望的方

法去引诱，这样一来，哪有不听从的呢？这就是我们策士们的秘术。要注意事物的细微变化，把握好时机，功成事就而不自持自喜，长久地实行这种方法，定能化育天下，取得最后成功。

权篇第九

【引言】

本篇主要论述了游说的原理与技巧，讲的是如何判断不同的游说对象和游说形势，从而运用合适的语言技巧去说服对方。“权”者，权衡、审查之意，即审度形势以进行游说。谋臣说客在游说时必须审时度势，随机应变，不断改变说话技巧和方法。

《鬼谷子》认为，说话是有技巧的，其技巧可以掩饰内容：说奉承话的人，由于会吹嘘可以变成智；说话直截了当的人，由于能果决就变成勇；说忧虑话的人，由于善权就变成信；说冷静话的人，由于善逆反而变成胜。而且有时候，“口可以食，不可以言”，因为随便讲话会伤害人。所以说话时说到对方长处可以加以张扬，说到对方短处要有所忌讳。而且还要看人说话，“与智者言，依于博”，“与贱者言，依于谦”，“与勇者言，依于敢”，等等。

总之，我们应该根据不同的情势来使用不同的说话技巧，在了解对方的基础上，权衡利弊，不断改变说辞，以达到纵横驰骋、雄辩天下之目的。

【原文】

说者，说之也；说之者，资[1]之也。饰言[2]者，假[3]之也，假之者，益损也；应对者，利辞也，利辞者，轻论也；成义者，明之也，明之者，符验也。言或反覆，欲相却也。难言者，却论也，却论[4]者，钓几[5]也。

【注释】

①资：帮助的意思，也就是给人利益。

②饰言：修饰语言，也就是很好听的话。

③假：借助。

④却论：不接受对方的言论。

⑤钓几：引诱出对方心中的隐微之事。

【译文】

所谓游说就是为了说服对方，要说服对方，就要对他有所帮助。修饰语言是为了借助言辞的力量说服别人，因而要对言辞进行增减修饰以迎合对方心理。回答对方的诘难，一定要用便利的词句。便利的词句，就是简洁明快的言辞。申说义理的言辞，是为了使对方明了我们的本意。要让对方明了我们的本意，必须用事例来验证说明。言谈时双方可能意见不合，此时就要反复辩论，使对方让步。双方互相辩论时，我们不接受对方的言论，这样做的目的是诱使对方说出心中隐秘的打算。

【原文】

佞言者，谄而干忠；谀言者，博而干智；平言者，决而干勇；戚言者，权而干信；静言者，反而干胜。先意承欲者，谄也；繁称文辞者，博也；纵舍[①]不疑者，决也；策选进谋者，权也；先分不足以窒非[②]者，反也。

【注释】

①纵舍：进退，也就是举止动作。

②窒非：扼住对方的缺点、弱点不放。

【译文】

佞言，就是通过奸巧的言论来隐藏自己的真实意图，从而显得忠诚；谀言，就是堆砌华丽的辞藻说一些奉承的言论来显得有智慧；平言，就是说一些直截了当的话，因为果决而显得勇敢；戚言，就是根据形势说一些忧愁操劳的话，以赢得对方的信任；静言，就是明知自己的不足，反而用有谋略的言语去攻击别人的不足，以求取得最终的胜利。摸准了对方的心愿顺着对方的欲望去游说，就是“谄”；博采事例来充分论证自己的言辞，就是“博”；进退果断，该说则说，该止则止，就是“决”；根据形势的变化选择策略来进说，就是“权”；掩饰自己的不足，抓住对方言辞中的不足来攻击，就是“反”。

【原文】

故口者，机关[①]也，所以关闭情意也；耳目者，心之

佐助也，所以窥瞷[2]奸邪。故曰参[3]调而应，利道而动。故繁言而不乱，翱翔[4]而不迷，变易而不危[5]者，睹要得理。故无目者不可示以五色[6]，无耳者不可告以五音[7]。故不可以往者，无所开之也，不可以来者，无所受之也。物有不通者，圣人故不事也。古人有言曰："口可以食，不可以言。"言者，有讳忌也。"众口铄金[8]"，言有曲故也。

【注释】

①机关：事物的枢要、关键。

②瞷（jiàn）：窥视。

③参（sān）：这里指心、眼、耳三器官而言。

④翱翔：飞鸟盘旋。这里指行动自由。

⑤危：读作"诡"，诡计，欺诈。

⑥五色：青、赤、白、黑、黄五种颜色。这里泛指各种颜色。

⑦五音：宫、商、角、徵、羽五种音阶。这里泛指各种声音。

⑧众口铄金：指众人的言论能够熔化金属，比喻舆论力量大，也比喻谣言多使是非混淆。

【译文】

所以说，口是人心的一个机关，是用来倾吐和遮蔽内心情感的。耳目，就是心的辅助器官，用它来窥视事物的矛盾，发现奸邪之物。所以说，口、耳、目三者应该协调呼应，选择有利的途径然后行动。这样就可以做到：虽

有烦琐的语言但思路不乱，行动自由但不会迷失方向，情况千变万化但不会被欺骗，其关键就在于掌握了要点和规律。所以，对于色彩感觉不敏锐的人，不能给他欣赏色彩斑斓的画作，对于听觉不够敏感的人，不要和他谈论音乐的变化。如果不去游说，就不能打开对方的心扉，了解其内心想法；如果不让人来游说，就不能得到对方的谋略，双方信息不通，就是那些圣智之士也不会去打主意。古人有言："嘴可以用来吃饭，但不能用来乱说。"说的是讲话是有忌讳的。所谓"众口铄金"，就是语言往往会歪曲真相的缘故。

【原文】

人之情[①]，出言则欲听[②]，举事则欲成。是故智者不用其所短，而用愚人之所长，不用其所拙[③]，而用愚人之所工，故不困也。言其有利者，从其所长也；言其有害者，避其所短也。故介虫[④]之捍也，必为坚厚；螫虫[⑤]之动也，必以毒螫。故禽兽知用其长，而谈者亦知其用而用也。

【注释】

①情：常情，常态。

②欲听：想要让人听从。

③拙：不擅长的一面。

④介虫：介就是甲或盔甲，介虫是带有甲壳的昆虫。

⑤螫（shì）虫：指能用毒针来刺人的虫子。螫，蜇。

【译文】

人之常情就是只要自己说的话就希望别人听从，只要办事情就希望能成功。所以聪明人会避开自己的短处，而去利用愚蠢者的长处，不用自己不擅长的地方，而去利用愚蠢者所擅长的，这样就使自己永远不会陷于窘迫。我们常讨论怎样说对自己有利，就是要发挥自己的长处；讨论怎样才能避害，就是要避开自己的短处。那些有甲壳的动物保护自己，一定是用自己坚厚的甲壳；那些有毒刺的动物进攻别人，一定是发挥自己的毒刺的威力。连禽兽都知道利用自己的长处，游说的人更应该知道如何使用自己该使用的长处。

【原文】

故曰辞言有五：曰病、曰恐、曰忧、曰怒、曰喜。病者，感衰气而不神也；恐者，肠绝而无主也；忧者，闭塞[①]而不泄也；怒者，妄动而不治也；喜者，宣散而无要也。此五者，精则用之，利则行之。故与智者言依于博[②]，与博者言依于辨，与辨者言依于要，与贵者言依于势，与富者言依于高，与贫者言依于利，与贱者言依于谦，与勇者言依以敢，与愚者言依于锐。此其术也，而人常反之。

【注释】

①闭塞：这里指情思不通。

②博：博学多闻。

【译文】

所以说五种失常的情态在言谈中要避免：一是病态之言；二是恐惧之言；三是忧郁之言；四是愤怒之言；五是喜悦之言。病态之言让人听后神气衰弱，精神不足；恐惧之言让人听后肝肠寸断，没有主见；忧郁之言让人听后心情郁结，情思不通；愤怒之言让人听后轻举妄动，言多狂悖；喜悦之言让人听后自由散漫，没有重点。这五种言辞只有人的精气通畅之后才可使用，只有有利才可实行。所以游说有智谋的人要靠博识多闻的言辞，游说博识多闻的人要靠条理明晰的言辞，游说明辨事理的人要依靠要点明确的言辞，游说达官贵人要围绕权势来进行，游说富人时要以尊重的态度去对待他，游说贫穷的人要靠言辞中以利引诱，游说地位低下的人要靠我们谈话时态度谦恭，游说勇敢的人要靠我们谈话时表情果敢，游说愚蠢的人要靠对方容易理解的言辞。这些都是与人谈话的原则，然而不少人却常常背道而驰。

【原文】

是故与智者言，将此以明之；与不智者言，将此以教之，而甚难为也。故言多类①，事多变。故终日言，不失其类而事不乱。终日不变而不失其主②，故智贵不妄。听贵聪，智贵明，辞贵奇③。

【注释】

①类：方法。

②主：主旨，主题。

③奇：出其不意。

【译文】

所以，与聪明人谈话时，就用这些方法去阐述道理；与愚笨的人谈话时，就要把这些方法教给他，然而事实上很难做到。所以说谈话有各种方法，事物也有多种变化。只有根据实际情况，选择不同言辞，那么，即使终日谈论，事情也不会混乱。整日谈话的内容不改变，也不会偏离主题，所以，智慧的可贵之处就在于处理事情时不轻举妄动。耳朵听事在于聪明，头脑思考在于明辨，说辞、辩辞在于出其不意。

谋篇第十

【引言】

“谋”，即谋略、谋划，指施展谋略计策。《谋篇》是游说谋略的扩展，是《权篇》的姊妹篇。《权篇》注重形势的判断，更多地停留在分析阶段；《谋篇》则侧重于实事求是，提倡一种务实的态度。

《鬼谷子》认为，“凡谋有道，必得其所因，以求其情”，分析了“相益则亲，相损则疏”的各种情况，指出“制人者握权也，见制于人者制命也”的竞争本质，强调因人制宜，“因事而裁之”的游说方略，以及“天地造化，在高与深；圣人之制道，在隐与匿”的隐秘法则。

所以，在实施谋略时，纵横之士应该详尽地掌握事情的真相和规则，分清利害关系，因事制宜，进而提出具有针对性的应对策略和计谋。此外，在付诸实施的阶段，还应适时调整，以正惑敌，做好保密工作，悄无声息地制伏对手，达到“制人”的目的。

【原文】

凡谋有道[1]，必得其所因，以求其情。审得其情，乃立三仪[2]。三仪者：曰上，曰中，曰下，参以立焉，以生奇。奇不知其所雍[3]，始于古之所从。故郑人之取玉也，

载司南之车[④]，为其不惑也。夫度材量能揣情者，亦事之司南也。

【注释】

①道：原则，规律。

②三仪：三种计策。仪，法度，标准。

③雍：通“壅”，壅塞。

④司南之车：我国古代用来指示方向的一种机械装置，相传是上古时期黄帝制造的，又叫指南车。

【译文】

凡是筹划计谋都要遵循一定的规律，首先要追寻所面临问题的起因，进而探求事物发展过程特别是现在的各种情况。掌握了这些情况，才可继而制定三种计策。所谓三种策略，就是上策、中策、下策，把它们互相参验，就能够定出良策奇谋。真正的良策奇谋是无所阻挡、无往而不胜的，这种设计奇谋的方法是古人就曾实施过的。所以郑国人入山采玉时，都要带上指南车，就是为了不迷失方向。考量别人的才干能力，揣度他的真情，就好像是做事时使用指南车一样。

【原文】

故同情而相亲者，其俱成[①]者也；同欲而相疏者，其偏害者也。同恶而相亲者，其俱害者也；同恶而相疏者，偏害者也。故相益则亲，相损则疏。其数行也，此所以

察异同之分[②]也。故墙坏于其隙，木毁于其节，斯盖其分也。故变生事，事生谋，谋生计，计生议，议生说，说生进，进生退，退生制。因以制于事，故百事一道而百度一数也。

【注释】

①俱成：共同成功。

②分：分界。

【译文】

所以，思想欲望相同并且相互亲近的人，是因为他们都取得了成功；思想欲望相同却关系疏远的人，是因为有一方受到了损害。有共同憎恨的对象而相互亲近的人，他们会共同遭受损害；有共同憎恨的对象却相互疏远的人，只有一方会受到损害。所以说双方有共同的利益就会互相亲近，双方受到损害就会关系疏远。这类事情都是一样的道理，也是审查同异分界的一种根本方法。所以，墙壁通常因为有裂缝才倒塌，树木通常因为有节疤而折毁，裂缝和节疤就是它们的分界之处。因此，事情的突变都是事物自身的渐变引起的，因为要解决问题才需要谋略，需要谋略才会产生计策，计策是从讨论中产生的，讨论是为了游说的需要，游说是为了进取，进取是在退却中产生的，退却是因为有节制而产生的。因而要使用节制的方法处理事情。任何事情的处理方式都是这样，不论反复多少次也都遵循同一法则。

【原文】

夫仁人轻货[①]，不可诱以利，可使出费[②]；勇士轻难，不可惧以患，可使据危[③]；智者达于数，明于理，不可欺以不诚，可示以道理，可使立功，是三才[④]也。故愚者易蔽也，不肖者易惧也，贪者易诱也，是因事而裁之。故为强者，积于弱也；为直者，积于曲也；有余者，积于不足也。此其道术行也。

【注释】

①轻货：轻视财物。

②费：费用。

③据危：扼守险要的地方。

④三才：三种人才，具体指上述仁人、勇士、智者。

【译文】

仁人君子必然轻视财货，所以不能用金钱来诱惑他们，反而可以让他们出资资助；勇士自然会轻视危难，所以不能用祸患来恐吓他们，反而可以让他扼守险要的地方；智者往往通达礼教，明于事理，所以不可以用欺骗的手段对待他，反而可以用大道理来晓谕他，让他建功立业，这就是所谓仁人、勇士、智者。因此，愚蠢者可以用欺骗手段蒙蔽他，不肖之徒可以用恐吓手段威胁他，贪婪者可以用金钱利诱他，这是根据不同的人来决定策略。所以，强大是从弱小开始，一点点积累起来的；平直是从弯

曲开始，一点点积累起来的；有余是从不足开始，一点点积累起来的。懂得这个道理，道术就能够得以实行了。

【原文】

故外亲而内疏者，说内；内亲而外疏者，说外。故因其疑以变之，因其见以然之，因其说以要之，因其势以成之，因其恶以权之，因其患以斥之。摩而恐之，高而动之，微①而正之，符而应之，拥②而塞之，乱而惑之，是谓计谋。

【注释】

①微：衰败。

②拥：通“壅”，壅闭。

【译文】

所以，对于表面上亲近而内心疏远的人，要从内心入手去游说他；对于那些内心想要亲近而表面上疏远的人，就要设法改变他的表面态度。所以对方有所怀疑，要顺着他的怀疑来消除它；顺着对方所看见的东西肯定它；依据对方的言谈来附和他；对方形成有利态势，要顺着对方形势成就他；依据对方厌恶的东西，为他谋划对付的办法；对方遇到的祸患设法为他排除。通过摩的手法琢磨透他的心意去恐吓他，分析形势的危急使他震动，让他衰败然后纠正他，设计一个征兆然后使之应验，隔绝他的视听，闭塞他的耳目，打乱他的思维，迷惑他的理智，进而完全控制他，这就是人们所说的计谋。

【原文】

计谋之用，公不如私，私[①]不如结[②]，结而无隙者也。正不如奇[③]，奇流而不止者也。故说人主者，必与之言奇；说人臣者，必与之言私。其身内其言外者疏，其身外其言深者危。无以人之所不欲而强之于人，无以人之所不知而教之于人。人之有好也，学而顺之；人之有恶也，避而讳之。故阴道而阳取之也。

【注释】

①私：私室，引申为私下。

②结：系连，打结。这里指结盟。

③奇：即适合解决问题的出人意料的计谋。

【译文】

说到策划、实施计谋，在大庭广众之下谋划不如在私下里谋划，在私下里谋划不如结盟谋划，结成稳固的联盟，别人就无机可乘了。计谋的使用，遵守常规不如出人意料的奇谋妙计，出人意料的奇谋妙计实施起来就像流水一般不能停止。所以对国君进行游说时，必须与他谈论奇策；对权臣进行游说时，必须与他谈论个人的切身利益。你身在某一决策圈内，却把机密泄露到圈外，必定会被疏远。你身在某一决策圈外，却过多地议论决策圈内的事，必定会有危险降临。不要把别人不喜欢的东西强加于人；不要拿别人不了解的事去说教别人。如果对方有某种嗜

好，就要效仿以迎合他的兴趣；如果对方厌恶什么，就要加以避讳。因此，做任何事情都是在暗地里使用这些方法，而得到的回报却是很明显的。

【原文】

故去之者纵之，纵之者乘之。貌者，不美又不恶，故至情托焉。可知者，可用也；不可知者，谋者所不用也。故曰事贵制人，而不贵见制于人。制人者，握权也；见制于人者，制命[①]也。故圣人之道阴，愚人之道阳。智者事易，而不智者事难。以此观之，亡不可以为存，而危不可以为安，然而无为[②]而贵智矣。

【注释】

①制命：这里指被控制了命运。

②无为：这里指无为而处世。

【译文】

想要除掉一个人，就要放纵他，等到其留下把柄时顺理成章地控制他。无论遇到什么事情既不喜形于色也不怒目相对的人，可以将机密大事托付给他。在用人方面，能够了解、掌握的人，才可以重用；不能了解、掌握的人，善于谋划的人是不会重用他们的。所以说，做事贵在控制别人，而千万不可被别人所控制。控制住别人，你就掌握了主动权；被别人控制，你的命运就处于被动。所以圣人运用谋略的原则是隐而不露，而愚人运用谋略的原则是大

肆张扬。有智慧的人做事容易成功，没有智慧的人很难做成事。由此看来，一旦国家灭亡了就很难复兴，一旦国家出现动荡就很难安定，所以无为和智慧是最重要的。

【原文】

智用于众人之所不能知，而能用于众人之所不能见。既用，见可，否择事而为之，所以自为也。见不可，择事而为之，所以为人也。故先王之道阴。言有之曰："天地之化，在高与深，圣人之制道，在隐与匿。"非独忠信仁义也，中正①而已矣。道理达于此之义，则可与语。由能得此，则可与谷远近之诱。

【注释】

①中正：中正平和，不过分加害于人。

【译文】

智慧要用在一般人不能知道的地方，也要用到一般人看不到的地方。运用计谋时，被人认可，就选取一些事自己去做，这是为自己的办法。不被人认可，就选取一些事让别人去做，这是为别人的办法。所以说古代的君王都是隐秘地行事治世。俗话说："天地变化运转，表现在高深；圣人制定谋略，表现在隐秘。"运用智慧不能失去忠信、仁义和中正的法则。只有能够明白这种道理的人，才值得与他议事。能够懂得这些道理，就能够让远近的人都来臣服。

决篇第十一

【引言】

本篇主要论述决断正误的利弊以及决断的各种方法，中心在于“决情定疑”这四个字上。“决”，即决断、决策。善于判断情况，做出决断是万事成败的关键，作决断不仅是一种选择，更是一种考验。正所谓：“当断不断，反受其乱。”由此可见，是否善做决断关系到纵横之士的前途命运。

《鬼谷子》认为，凡为他人决断事情，都牵扯到一定的利害关系。趋利避害则是人之常情，也是纵横之士遵循的主要原则。针对这一现实情况，鬼谷子提出了“度以往事，验之来事，参之平素”的决断方法。

因此，用“决术”解决问题时，应鉴古观今，确定疑难，三思而后决。不仅要勇于决断，更要当机立断。

【原文】

凡决物[①]，必托于疑者，善其用福，恶其有患。善至于诱也，终无惑偏。有利焉，去其利则不受也，奇之所托。若有利于善者，隐托于恶，则不受矣，致疏远。故其有使失利者，有使离[②]害者，此事之失。

【注释】

①决物：决断事情。

②离：通“罹”，遭受的意思。

【译文】

凡是决断事情，必定是因为犹豫不决了，一般来说，人们希望决断给他带来好处，不希望决断失误而招致祸患。因此，善于决断的人要先诱导对方，使他讲出自己的真实心愿和一切情况，以消除我们的迷惑或偏失。决断必须给对方带来利益，否则，没有利益他就不会接受这种决断，这就要寄托于决断的变幻莫测、出人意料。任何决断本来都应有利于对方，但是如果在其中隐含着不利的因素，那么对方就不会接受，彼此之间的关系也会疏远。所以这样的决断对做决断的人不利，甚至还会使其遭受灾难，这样的决断是失误的。

【原文】

圣人所以能成其事者，有五：有以阳德之者，有以阴贼之者，有以信诚之者，有以蔽匿之者，有以平素之者。阳励于一言，阴励于二言，平素①、机枢以用。四者②，微而施之。于是度之往事，验之来事，参之平素，可则决之。王公大人之事也，危而美名者，可则决之；不用费力而易成者，可则决之；用力犯勤苦，然不得已而为之者，可则决之；去患者，可则决之；从福者，可则决之。

【注释】

①平素：平时，平常。

②四者：指一言、二言、平素、机枢。

【译文】

圣人之所以能成就大事业，主要有五个原因和方法：一是公开施加恩德，二是暗中伤害对方，三是待人诚心，四是蒙蔽对方，五是按照正常方式结交。使用“阳德”手段时要前后说话一致，使用“阴贼”手段时却要令人摸不透我们的真意，使对方受骗，平常手段，再加上关键时刻运用的手段，这四种手段在暗地里交互运用。在决断事情之时，可以对过去的经验进行衡量，再以未来事情的发展趋势来验证，最后用日常的事情作为佐证，如果可行的话，就做出决断。给王公大臣谋划事情，有五种情况可以帮其作决断：王公大臣处在危险中，事情成功后能获得美好的声誉，可以做出决断；不用耗费大的气力、精力就容易获得成功的事情，可以做出决断；有些事情虽然费力勤苦，然而不能不做出决断，可以做出决断；如果能排除忧患，可以做出决断；如果能带来幸运，可以做出决断。

【原文】

故夫决情定疑，万事之基①。以正乱治，决成败，难为者。故先王乃用蓍龟②者，以自决也。

【注释】

①基：根基，基础。

②蓍（shì）龟：占卜的意思。蓍是筮竹，龟是龟甲，都是占卜工具。

【译文】

所以，决断事件、解决疑难，是处理一切事情的基础，关系到国家的安定和事业的成败，是非常困难的事情。所以古代先王也要通过占卜来帮助自己做出正确的决断。

符言第十二

【引言】

本篇实际上是为君主治国平天下指出的修养之术。“符”，即符合。本指先秦时朝廷用来传达命令、调遣兵将的信物，具有很高的权威性。“言”，即言辞。所谓“符言”，就是对身居高位的人提出的治理国家的行为准则，是君王常用的治国之道。符言追求的是言行合一、名实相符。它不仅是舌辩之士练就一身本事、言动天下的基础理论课，也是一个老练政治家畅通言路、治国理政的经验总结。

本篇分别从位、明、听、赏、问、因、周、参、名九个方面进行了论述。鬼谷子提出，君主应“安徐正静”，以保持君位；应虚怀若谷，明察秋毫；应广开言路，君臣共商；应赏罚分明，赏罚有据；应广问博闻，集思广益；应依法制臣，以利驭臣；应小心谨慎，周密行事；应见微知著，“洞天下奸”；应循名责实，名实相符。

《鬼谷子》寥寥数语皆乃真知灼见，不仅思维缜密，更包容万象，蕴含万千智慧。短短数百字，胜于万语千言，能抵百万之师。

【原文】

安徐正静，其被节无不肉[①]。善与而不静，虚心平意以待倾损[②]。右主位。

【注释】

①被节无不肉：骨节之上无不有肉。

②倾损：危机。

【译文】

如果身居君位的人能够做到安定从容、公正沉静，就会像骨节有肉附着其上一样，发挥顺节制约作用。在位者如果善待百姓，但天下仍然不太平，他便要等待心情平静后来处理危机。以上讲的是在君主的位置上应该如何去做。

【原文】

目贵明，耳贵聪，心贵智。以天下之目视者，则无不见；以天下之耳听者，则无不闻；以天下之心思虑者，则无不知。辐凑[①]并进，则明不可塞。右主明。

【注释】

①辐凑（fú còu）：指车辐集中于车轴。凑，通“辏”。

【译文】

对眼睛来说，最重要的就是明亮；对耳朵来说，最重

要的是灵敏；对心灵来说，最重要的就是智慧。君主如果能用全天下的眼睛去观看，就不会有什么看不见的；如果能用全天下的耳朵去听，就不会有什么听不到的；如果能用天下人的心智去思考，就没有想不通的事情。如果能像车辐集中于车轴那样集中众人的智慧和力量，君主的圣明就没有什么能够遮蔽了。以上讲的是如何保持明察。

【原文】

德之术曰：勿坚而拒之。许之则防守，拒之则闭塞[①]。高山仰之可极[②]，深渊度之可测。神明之位德术正静，其莫之极。右主德。

【注释】

①闭塞：阻绝，隔断。这里指妨害视听。

②极：通“及”，到达。

【译文】

听取采纳意见的方法是：广采众论，不拒绝任何意见。允许别人提意见就会增强我方力量，拒绝别人提意见就会闭塞自己的视听。高山再高，抬起头也可以看到它的顶点；深渊再深，也可以测量出它的深度。君主处在显贵的位置上，公正宁静地对待众人进谏，这样就没有人能够探测出他的高深了。以上讲的是采言纳谏。

【原文】

用赏贵信，用刑贵正。赏赐贵信，必验耳目之所闻

见，其所不闻见者，莫不暗化[1]矣。诚[2]畅于天下神明，而况奸者干君。右主赏。

【注释】

①暗化：暗自转化。

②诚：诚信，信用。

【译文】

实行奖赏时，最重要的是守信用；实行惩罚时，最重要的是公正合理。赏赐贵在守信，一定要以自己亲眼所见、亲耳所闻作为依据，这样一来，那些没有亲眼所见、亲耳所闻的人也会暗中受到感化。君主如果能把这种诚信畅达于天下，那么连神明也会来佑护，那些想以奸邪手段冒犯君主的小人，（对付起来）也就不在话下了。以上讲的是赏罚必信。

【原文】

一曰天之，二曰地之，三曰人之。四方上下，左右前后，荧惑[1]之处安在。右主问。

【注释】

①荧惑（yíng huò）：指被蒙蔽迷惑。

【译文】

君主的询问范围，包括天时、地利和人和三个方面。

东西南北、上方下方、左右前后都了解清楚，就不会受到蒙蔽。以上讲的是君主应多方咨询。

【原文】

心为九窍[①]之治，君为五官[②]之长。为善者，君与之赏；为非者，君与之罚。君因其所以求，因与之，则不劳。圣人用之，故能赏之。因之循理，固能久长。右主因。

【注释】

①九窍：耳、目、鼻各两窍，口、前阴、肛门各一窍，共九窍。这里泛指身体器官。

②五官：殷商时期指司马、司徒、司空、司士、司寇，西周时期指司徒、宗伯、司马、司寇、司空。这里泛指文武百官。

【译文】

心是身体各器官的主宰，君主是文武百官的首领。对于那些做了善事的官员，君主就要赏赐他们；对于那些做了坏事的官员，君主就要惩罚他们。君主根据臣民们各自的欲望而给予赏赐，这样就不会劳神。圣人这样使用赏罚，就能使臣民赏罚各得其所。国君如果能遵循这个道理治理国家，就能够长治久安。以上讲遵循规律管理官吏。

【原文】

人主不可不周[①]，人主不周，则群臣生乱。家于其[②]无

常也，内外不通，安知所开。开闭不善，不见原也。右主周。

【注释】

①周：周到。这里指全面了解情况。

②其：这里代指群臣。

【译文】

君主做事要全面了解情况，君主一旦考虑不周全，群臣就会发生动乱。群臣处于无序状态，内外消息就不会畅通，君主又怎么会采取行动？如果君主不善于掌握开合之术，就不能发现问题产生的根源。以上讲的是君主应该周全地了解一切。

【原文】

一曰长目[①]，二曰飞耳[②]，三曰树明[③]。明知千里之外，隐微之中，是谓洞天下奸，莫不暗变更。右主恭。

【注释】

①长目：使眼睛看得远。这里指在远处安插耳目。

②飞耳：使耳朵听得远。这里指建立特殊通讯渠道。

③树明：使心里洞察一切。这里指建立举报制度。

【译文】

君主起用臣下还要采取三种措施：一是安插耳目，二

是建立特殊通讯渠道，三是建立举报制度。能够了解千里之外的情况，能够了解隐秘微小的事情，这就叫作洞察天下。天下的奸邪都会小心翼翼，收起不轨的想法。以上是讲如何洞察一切。

【原文】

循名而为，实安而完。名实相生①，反相为情②。故曰：名当则生于实，实生于理，理生于名实之德，德生于和，和生于当。右主名。

【注释】

①相生：相互化生，相依相存。

②情：这里指事物的本性。

【译文】

依照名称去考察实际，根据实际来确定名称，使名实相符合。名称是从实际中派生的，客观实际产生出名称。二者相互依存，这是事物的本性。所以说：适当的名称产生于客观实际，而客观实际是从事理中产生的，事理是从名实之德中产生的，名实之德产生于名与实之间的相互符合，两者相互符合那么取名就得当了。以上说名实相符的重要。

转丸第十三

胠乱第十四

这两篇原文已佚。

本经阴符七术

【引言】

《本经阴符七术》是《鬼谷子》中理论性较强的一篇，其内容主要是关于修身养性的方法。修身养性是一种境界，更是一种内在的实质。纵横家游说诸侯，内在品质至关重要。“本经阴符七术”就是一种精神修养之术，它注重的是人的内心修炼。它是一种由内而外的修炼秘方，不但能入，还能出。本篇在“精”“气”“神”各个方面都进行了独到而且全面的阐释，对充实意志、涵养精神方面具有积极的意义。

《本经阴符七术》一共涵盖七种权术，它们皆各有所指，具有很强的独立性，但彼此之间又存在内在的逻辑联系，形成了一种既独立又联合，且不可分割的关系。

前三节侧重于内在的修炼，包括内在精神、意志和思虑的养成。后四节讨论的则是由内而外运用内在精神的方法。以内在精神的充实为本，以内在精神的外用为末，环环相扣，紧密相连。

内心的修炼，以“盛神”“养志”“实意”为主。修身养性，是鬼谷子养生学说的精华。《盛神法五龙》认为养神之法在于合自然之道，以求养神以通窍。《养志法灵龟》认为养志要效法灵龟，以求养志以蓄威。《实意法螣

蛇》认为坚定意志要效法螣蛇，以求实意以储存信息。

内心的外用，以“分威”“散势”“转圆”“损兑”为主。《分威法伏熊》认为分威要效法伏熊，以求分敌之威，增己之威。《散势法鸷鸟》认为散势要效法鸷鸟，以求散敌之势，扭转局势。《转圆法猛兽》认为转圆要效法猛兽，以求像转动圆体那样使计谋快速产生。《损兑法灵蓍》认为损兑要效法灵蓍，以求损兑言辞，随机变辞。

纵横策士们游说人主，应该以精神为宗，把养生寓于人的精神活动之中，安定心志，达到修身养性的目的。

盛神[①]法五龙[②]

盛神中有五气[③]，神为之长，心为之舍[④]，德为之大，养神之所归诸道。道者，天地之始，一其纪也，物之所造，天之所生，包宏无形，化气，先天地而成，莫见其形，莫知其名，谓之神灵。故道者，神明之源，一其化端。是以德养五气，心能得一，乃有其术。术者，心气之道所由舍者，神乃为之使。九窍十二舍[⑤]者，气之门户，心之总摄也。生受于天，谓之真人。真人者与天为一。

【注释】

①盛神：使精神旺盛，养神。

②五龙：一种说法是五行之龙，一种说法是传说中神仙

名，这里指金、木、水、火、土的神气。

③五气：指心、肝、脾、肺、肾等五脏之气。

④舍：居所。

⑤十二舍：即中医所谓十二脏。先秦医家以心、肺、肝、胆、膻中、脾、胃、大肠、小肠、肾、三焦、膀胱为十二官，称十二脏。

【译文】

旺盛的精神中有五气，精神是五气的统帅，心是精神的依托之所，品德是精神在人身上的表现，养神的办法就是让心与大道合一。所谓“道”是天地产生的本源，一切由“道”始。万物的化育、天地的产生，都是由道来完成的。道包含着无形的化育之气，在天地产生之前生成，看不见它的形态，叫不出它的名字，我们就称它为“神灵”。所谓的“道”，是神明的本源、万物变化的开始，而“一”是道变化的开端。因此，人们只有用道德涵养五气，心里守住一，才能掌握住道术。道术就是把心气从住所中引导出来，由此神就产生了。人体的九窍和十二舍是气进出人体的门户，由心总管它们。人本受命于天，所以称为真人。真人能与天地万物融为一体。

【原文】

内修炼而知之，谓之圣人，圣人者，以类知之。故人与一生，出于物化。知类在窍[①]，有所疑惑，通于心术，心无其术，必有不通。其通也，五气得养，务在舍神，此

谓之化。化有五气者，志也、思也、神也、德也，神其一长也。静和者养气，气得其和，四者[②]不衰，四边威势，无不为存而舍之，是谓神化。归于身，谓之真人。真人者，同天而合道，执一[③]而养产万类，怀天心，施德养，无为以包志虑思意，而行威势者也。士者通达之，神盛乃能养志。

【注释】

①窍：即上文所提到的九窍。

②四者：指志向、思想、精神、道德。

③执一：坚守无为。

【译文】

通过内心修炼而体会出道的人，就称为圣人。圣人能掌握以此类推的方法来认识道。人与万物一起生成，都是出于天地的造化。了解各类事物在于利用各种感觉器官；解释疑难在于用心思考进行综合分析。如果不能感知，那就是心与九窍之间的气不通。通达之后，五脏精气得到培养，这时要让神气归于心舍，这就叫作“化”。五气在转化过程中，就会产生志向、思想、精神、道德，其中精神是最主要的。做到宁静、平和就能养气，五气能够融合，那么志向、思想、精神、道德就不会衰退，向四方散发威势，我们就能无所不为，如果能使这种威势长存不散，这就叫作达到神化的境界。当这种神化归于自身时，那就叫作真人。真人能与天地合为一体，坚守“一”而生产并

育化万物，怀着上天之心施行恩德，以无为之道来指导思想，通过这种途径来散发威势。纵横之士能通达此理，就能精神旺盛，从而修养自己的心志。

养志法灵龟①

养志者，心气之思不达也。有所欲，志存而思之。志者，欲之使也。欲多则心散，心散则志衰，志衰则思不达。故心气一，则欲不徨②；欲不徨，则志意不衰；志意不衰，则思理达矣。理达则和通③，和通则乱气不烦于胸中。故内以养志，外以知人。养志则心通矣，知人则职分明矣。

【注释】

①灵龟：古人认为龟是一种通灵并且长寿的动物，所以叫灵龟。

②徨：心神不安。

③和通：和气畅通。

【译文】

养志，是因为心神思虑不畅达。一个人如果有了欲望，老是放在心中考虑，志向就会被欲望所驱使。欲望过多，心神就会涣散；心神涣散了，志向就会衰弱；志向衰弱了，思想就无法畅达。如果心神专一，就不会因为欲望过多而心神不定；欲望不多，志向就不会衰弱；志向不衰

弱，思想就会畅达。思想畅达则和气畅通，和气畅通心中就不会烦乱。因此，对内要培养志气，对外要了解他人。培养志气可以使自己思路通畅，了解他人就可以做到知人善任。

【原文】

将欲用之于人，必先知其养气志，知人气盛衰，而养其志气，察其所安，以知其所能。志不养，则心气不固；心气不固，则思虑不达；思虑不达，则志意不实；志意不实，则应对不猛；应对不猛，则志失而心气虚；志失而心气虚，则丧其神矣。神丧则仿佛[①]，仿佛则参会不一[②]。养志之始，务在安己。己安则志意实坚，志意实坚则威势不分，神明常固守，乃能分之。

【注释】

①仿佛：心意彷徨，精神恍惚。

②参会不一：指志、心、神三者不能协调配合。

【译文】

如果要运用养志的方法考察他人，一定要先了解他是如何培养志气的，了解他志气的盛衰；通过培养他的志气，观察他的心意反应，从而了解他的才能大小。如果一个人不培养志气，他的心气就不会稳固；心气不稳固，思想就不会舒畅；思想不舒畅，意志就会不坚定；意志不坚定，应付外界的能力就不强；应付外界能力不强，就容易

丧失志向，心气虚弱；丧失志向，心气虚弱，就会失去神志。神志丧失必然精神恍惚，精神恍惚就会导致心、神、志三者不能协调。开始修养心志时，一定要先让自己安定；自己安定了，意志才会坚定；有了坚定的意志，威势才会凝聚不散。这样，神气就固守于体内，就可以分散别人的威势。

实意法螣蛇

实意者，气之虑也。心欲安静，虑欲深远。心安静则神策生，虑深远则计谋成。神策生则志不可乱，计谋成则功不可间。意虑定则心遂安，心遂安则所行不错，神自得矣，得则凝。识气寄，奸邪而倚之，诈谋[①]而惑之，言无由心矣。故信心术，守真一而不化，待人意虑之交会，听之候之也。

【注释】

①诈谋：指阴谋诡计。

【译文】

实意，就是充实提高心的思虑。心要想安静，就要思考得深远。只有心安静了，才会产生神奇的策略；只有思考得深远，谋划事情才能成功。神奇的策略产生了，心志就不会紊乱；谋划事情成功了，功业就不可抹杀。思虑稳定，则心境安详，心境安详则所作所为就不会出现差错，

精神就会饱满，就会专一集中。如果人的心气游离在体外而不能在心中扎根，那么奸邪之徒就可能乘虚而入，阴谋诡计也会攻入心中迷惑我们，所说的话也不会是用心思考所得。要相信静心的方法，坚守专一之道而不改变，静静地等待意志和思虑的交汇，认真听取和接受别人的意见。

【原文】

计谋者，存亡之枢机。虑不会，则听不审矣，候之不得。计谋失矣，则意无所信，虚而无实。故计谋之虑，务在实意，实意必从心术①始。无为而求安静五脏，和通六腑②，精神魂魄固守不动，乃能内视③、反听④、定志。虑之太虚⑤，待神往来。以观天地开辟，知万物所造化，见阴阳之终始，原人事之政理，不出户而知天下，不窥牖⑥而见天道，不见而命，不行而至。是谓道知，以通神明，应于无方，而神宿矣。

【注释】

①心术：静心的方法。

②六腑：即胃、胆、三焦、膀胱、大肠、小肠，这里指六腑之气。

③内视：古代养生家认为人通过意念可以窥见自己体内的脏腑、经络等。这里指用心去看。

④反听：这里指用心去听。

⑤太虚：道家向往的最高神境。

⑥牖（yǒu）：窗子。

【译文】

所谓“计谋”，是国家存亡的关键。思想不能够交融，听到的情况就不会周详，也就不能从别人那里得到消息。计谋失效会导致意志不坚定，人就会变得虚幻而不实际。所以，谋划计谋，务必充实意念，充实意念则须从静心术开始。本着无为之道，使五脏之气和谐，六腑之气通畅，使精、神、魂、魄诸气各安其所，才能做到用心去看，用心去听，从而使志向坚定。思虑达到毫无杂念的空明境界，等待奇妙的灵感活动往来。以此观天地之变化，了解万物造化的规律，观察阴阳二气的变化，明察治国方法的原理，这样就能做到不出门而知晓天下大事，不开窗而看见自然界的变化规律，没有见到事物就可以预先知道它的名字，不用行走就可以达到目的地。这就是所谓“道”，以此可以与神明相通，可应对万事万物，神亦来宿于此矣。

分威法伏熊①

分威者，神之覆②也。故静意固志，神归其舍，则威覆盛矣。威覆盛，则内实坚；内实坚，则莫当；莫当，则能以分人之威，而动其势，如其天。以实取虚，以有取无，若以镒称铢③。

【注释】

①伏熊：伏在地上准备发起攻击的熊。

②覆：即“伏”。

③以镒（yì）称铢：用重物作秤锤去称量轻物，比喻以重驭轻，轻而易得。镒，二十两为一镒。铢，二十四铢为一两。

【译文】

散发自己的威势，就是要先积蓄威势，让旺盛的精神伏藏其中。要平心静气地坚定志向，使精神归于心舍，这样伏藏的威势才能更加强盛。威势强盛，内心就更加坚定；内心坚定，威势发出之后就没有人能够阻挡；没人能够阻挡，就可以分散他人威势，动摇他人势力，自己的威势就像天一样无不覆盖。用己方之实去攻取对方之虚，用有威势去对付无威势，就像用镒来称铢一样让轻而易举。

【原文】

故动者必随，唱[①]者必和；挠其一指，观其余次；动变见形，无能间者。审于唱和，以间见间，动变明而威可分。将欲动变，必先养志伏意以视间。知其固实者，自养也；让己者，养人也。故神存兵亡，乃为之形势。

【注释】

①唱：同“倡”，倡导。

【译文】

所以，只要行动就必定有人追随，我们一倡导，对方必然应和；掌握了对方一点，就可以看到对方的其余方

面；对方的一举一动都会显现出来，没有一个能逃得掉。对唱和的情况进行周详的考察，通过蛛丝马迹去寻找对方的漏洞，让对方的举动显现在我们面前，他的威势就可以被我们分散。我们要活动变化，必须先养心志，隐蔽自己的实力，从而暗中观察他人活动。使自己的思想意志充实坚定，是懂得提高自我修养的人；把自己所拥有的给予对方，是使别人驯服的方法。所以，能够做到精神专注而进击之势毫不显现，那就是大有可为的形势。

散势法鸷鸟[①]

散势者，神之使也。用之，必循间[②]而动。威肃内盛，推间而行之，则势散。夫散势者，心虚[③]志溢。意衰威失，精神不专，其言外而多变。故观其志意为度数，乃以揣说图事，尽圆方，齐短长[④]。

【注释】

①鸷鸟：凶猛的鸟类。

②间：漏洞。

③心虚：内心虚静。

④齐短长：指灵活运用长计短谋。

【译文】

散发威势，是由精神所主宰的。运用散势之法时，一定要看好对手的漏洞再采取行动。威势在内心积聚已经很

旺盛时，再抓住对手的漏洞采取行动，威势就可以散发出去。散发威势时，要内心虚静，意志充沛。意志衰弱则威势丧失，导致精神不专，就会言语不着边际且漫无中心。所以，对对方进行观察，以得到对方真实的志和意为标准，然后去揣测游说，并谋划各种事情，查遍有形无形之物以掌握决策信息，衡量长计短谋以求得最佳决策。

【原文】

无间则不散势，散势者，待间而动，动而势分矣。故善思间[①]者，必内精五气，外视虚实，动而不失分散之实。动则随其志意，知其计谋。势者，利害之决，权变[②]之威；势败者，不以神肃察也。

【注释】

①思间：思索、寻查对方漏洞。

②权变：灵活运用权术。

【译文】

对方如果没有漏洞可循，就难以散其势，这时必须等待时机，等找到对方的漏洞再采取行动，一旦行动就能分散对方的威势。所以善于寻查对方漏洞的人，必须善于充盈内脏精气，善于观测形势的虚实，一旦行动就不会失去散发威势的实效。行动时，必须紧紧跟随对方的意图，了解对方的计谋。威势是决定胜败的重要因素，是灵活运用权术并发挥作用的条件，威势衰败的人，往往不能凝神观察。

转圆[1]法猛兽

转圆者，无穷之计。无穷者，必有圣人之心，以原不测之智而通心术[2]。而神道混沌为一，以变论万类，说义无穷。智略计谋，各有形容[3]：或圆或方，或阴或阳，或吉或凶，事类不同。故圣人怀此用，转圆而求其合。故与造化者为始，动作无不包大道，以观神明之域。

【注释】

①转圆：转动圆珠，这里指把智谋运用得像转动圆球一样，能应付各种情况。

②心术：这里指凝聚心气的方法。

③形容：形势，特点。

【译文】

计谋应该像转动圆珠一样，能源源不断产生。要想源源不断地产生计谋，必须有圣人的胸怀，从而探究不可估量的智慧，熟练掌握凝聚心气的方法。自然之道是神妙莫测的，处于一种混沌的统一状态。用变化的观点来讨论万事万物，纵横之士游说时的道理也就无穷无尽。不同的智略计谋，具有各自的特点，有的具有灵活性，有的具有规律性；有的运用在暗处，有的公开实施；有的带来吉祥，有的招致祸患，这是为了应对不同的事类。所以圣人掌握了计谋的特征和用法，在处理事情时就像转动圆珠一样，产生无数计

谋以求与事物状况相吻合。所以圣人以自然造化之道作为开端，其行为无不合于自然大道，并且能够看到别人无法看到的神明的境地。

【原文】

天地无极，人事无穷，各以成其类，见其计谋，必知其吉凶成败之所终。转圆者，或转而吉，或转而凶，圣人以道先知存亡，乃知转圆而从方。圆者，所以合语①；方者，所以错事②。转化者，所以观计谋；接物者，所以观进退之意。皆见其会，乃为要结③以接其说也。

【注释】

①合语：指话语投机。

②错事：处置事件，解决问题。错，同“措”，处置，解决。

③要结：关键。

【译文】

天地是广阔无边的，人事是变化无穷的。这些又各以其特点分成不同的类别，各种智谋也各有其形，观察一个人的计谋就能从中知道事物的吉凶成败。计谋像圆珠一样运转变化，有的转向吉祥，有的转向凶险，圣人运用转圆之法能够掌握规律而预先得知存亡之理，及时从转圆之法中解脱出来，来确立某种方正的策略。所谓“圆”，就是彼此话语投机。所谓“方”，就是正确解决问题。运转变

化，是为了探知对方的计谋；接触外物，是为了根据处理事情的实际效果决定进退。只有看到问题的症结所在，然后抓住关键才能与对方紧密相连，彼此主张一致。

损兑①法灵蓍②

损兑者，机危③之决也。事有适然④，物有成败，机危之动，不可不察。故圣人以无为待有德，言察辞合于事。兑者知之也，损者行之也。损之说之，物有不可者，圣人不为之辞。故智者不以言失人之言，故辞不烦而心不虚，志不乱而意不邪。

【注释】

①损兑：指减少杂念，让内心专一。

②灵蓍（shì）：古代用来占卜吉凶的工具。

③机危：危险的征兆。

④适然：偶然，有时发生。

【译文】

减少杂念，让内心专一，是处理遇到危险征兆问题时的关键。万事万物都有偶然巧合，有成功也有失败，当危险露出征兆的时候，不可不细心观察。所以，圣人都用无为而为之的态度对待事物发展，观察言语要合乎事物的发展。内心专一，是为了了解事物；减少杂念，是为了坚决行动。行动了，说明了，却还不被外界认同，圣人就不会

再随便开口了。所以，聪明人不会因为自己不言说而失去对对方言说信息的获得。言辞不烦乱，心气就不虚弱；志向不紊乱，意念就会端正。

【原文】

当其难易而后为之谋，因自然之道以为实。圆者不行，方者不止，是谓大功。益之损之，皆为之辞。用分威散势之权，以见其兑威、其机危，乃为之决。故善损兑者，譬若决水于千仞之堤，转圆石于万仞[①]之溪。而能行此者，形势不得不然也。

【注释】

①仞：古代长度单位，八尺为一仞。

【译文】

遇到事情根据其难易程度，再进行谋划决策，要顺应客观规律去制定实施措施。对方施行圆的策略不停止，我们实行方的策略也就不停止，这就是大功告成的前提。谋略的增减变化，都是为了言辞能够合适地表达出来。善于运用分威、散势的方法，发现对方的威力以及危险的征兆，然后再做出决断。所以说，善于运用损兑法的人，他处理事情就好像挖开千丈大堤放水，水冲向万仞之深的溪谷中的石头能够让其旋转一样容易。而这一切都是自然的、难以逆转的。

持枢

【引言】

本篇有残缺，只存留了一个自然段，尹知章在《鬼谷子注》中说："此持枢之术，恨太简促，畅理不尽。或编篇既烂，本不能全也。"持枢，意为掌握关键，把握枢纽。从残留的部分来看，本篇揭示的是一种回归自然、天人合一的思想，凝结了鬼谷子对天道的深刻透析。

《持枢》曰："春生、夏长、秋收、冬藏，天地正也，不可干而逆之。"清晰地指出了逆天而行必将衰亡的客观事实，意在让君王以此为警戒，力图引导君王顺应天道，敬天爱民。这种思想不仅顺应了自然的发展规律，更是推动社会进步、治国安邦的处世哲学。

掌握事物发展的规律，从而因势利导，顺势为之，不能逆道而行。因此，君王应该秉持"持枢"之要义，以天道行人道，做到顺时而行，顺事而为，这样就能让百姓休养生息，安居乐业，社会就能稳步发展。有了百姓的支持，兴国安邦也就成了水到渠成的事。

【原文】

持枢，谓春生、夏长、秋收、冬藏，天之正也。不可干[①]而逆之。逆之者，虽成必败。故人君亦有天枢，生[②]、

养、成、藏，亦复不可干而逆之，逆之者，虽盛必衰。此天道[3]，人君之大纲也。

【注释】

①干：触犯，干扰。

②生：本指春天万物生长，这里指使百姓休养生息。

③天道：指顺应自然的为政之道。

【译文】

把握事物的关键，就是顺从春天让万物萌生、夏天让万物成长、秋天让万物收获、冬季让万物储藏的规律，这也是自然界运行的正常法则，不能够触犯和违背。违背自然法则，即使成功一时，也终究会失败。所以说，作为君主治理国家也有一定的法则，使百姓休养生息，教养万民，使百姓长成、保有，这种为政之道也是不能违背的；如果违背，即使表面上看似强大，也必将衰弱。这种顺应自然的为政之道，是国君必须遵守的纲领。

中经

【引言】

本篇是与《本经阴符七术》相对而言的，《中经》是鬼谷子鉴人、识才和制人的秘诀。《中经》主要论述的就是内动心计、外以制人的诸多方法，主张通过人的相貌来了解其本性，通过人的言语来了解其真意。这是一种内在精神的运用，是"本经阴符七术"的外用。其目的就是要控制人心，达到制人而不制于人的境界。

《中经》论述了七种行事原则："见形为容，象体为貌"，实际上是一种观人术，就是通过察言观色以摸清对方的实际情况；"闻声和音"，实际是一种美言结人之术，就是从言谈中找到对方的各种情况和关系，并通过交谈来求得对方的信任，消除防备；"解仇斗隙"，实际就是一种驾驭术，就是坐山观虎斗，从细微的环节入手，使他们有竞争，进而挟制他们，坐收渔翁之利；"缀去"，就是把握背离自己的人的心态，留下余地，使之有后用；"却语"，就是批驳对方言谈中的漏洞，抓住对方的把柄，从而使其能够为我所用；"摄心"，实际是一种收揽人心的方法，就是把握自己在对方心中的地位，采用不同的方法收买对方；"守义"，就是用各种仁义道德来约束他人的行为，达到摸清对方心态的目的。

这七种技巧和策略被游说策士们视为至宝，不仅钻研学习，更是变化百出，融会贯通，成了他们的奇门遁甲。

【原文】

《中经》，谓振[①]穷趋急，施之能言厚德之人。救拘执[②]，穷者不忘恩也。能言者，俦[③]善博惠。施德者，依道。而救拘执者，养使小人。盖士遭世异时危，或当因免阗坑，或当伐害能言，或当破德为雄，或当抑拘成罪，或当戚戚[④]自善，或当败败自立。

【注释】

①振：通“赈”，救济。

②拘执：这里指处于困境的人。

③俦（chóu）：这里指成对出现，比喻多。

④戚戚：忧心貌。

【译文】

所谓《中经》，说的是救人于穷困和危难之中，能做到这一点的，一定是那些能言善辩、品德醇厚的人。如果能帮助那些困境中的人，他们就永远不会忘记你的恩德。能言善辩的人，必定能够多做善事，广泛地施行恩德。那些对人施行恩德的人，能够遵循道义。救出身处困境的人，就能够豢养、驱使他们。士大夫处在动乱的年代，遭遇危难时，有的人能在乱世里侥幸存活，免遭兵乱；有的人陷害善于辞令的人；有的人放弃仁德，崇尚武

力，成为一方雄主；有的人遭到拘捕成为囚犯；有的人处于忧愁的环境中却独善其身；有的人身处危难之中却能自强自立。

【原文】

故道贵制人，不贵制于人也。制人者握权，制于人者失命。是以见形为容、象体为貌，闻声和音①，解仇斗郄②，缀去，却语，摄心，守义。《本经》③纪事者，纪道数，其变要在《持枢》《中经》。

【注释】

①音：弦外之音，本意。

②郄（xì）：通“隙”，这里指矛盾。

③《本经》：指《本经阴符七术》。

【译文】

为人处世之道，最重要的是挟制别人，而不能被别人挟制。能够挟制别人，便能够把握主动权；受制于人，命运就掌握在别人手中。所以，看见外形要能判断面容，估量身材要能推知相貌，听到声音就能听出弦外之音，要善于解除争斗和矛盾，要善于挽留想要离去的人和应对前来游说的人，要善于摄取真情和恪守正义。《本经阴符七术》讲述的是一般的处世道理和技巧，其运用时变通的要点都在《持枢》《中经》中。

【原文】

见形[①]为容、象[②]体为貌者，谓爻[③]为之生也。可以影响形容象貌而得之也。有守之人，目不视非，耳不听邪，言必《诗》《书》，行不淫僻，以道为形，以德为容，貌庄色温，不可象貌而得之。如是，隐情塞郄而去之。

【注释】

①形：这里指八卦中爻的形状和位置。

②象：这里指八卦的卦象。

③爻（yáo）：组成卦的符号，分为阴爻、阳爻。

【译文】

“见形为容，象体为貌”讲的是，像在占卦时看到卦爻就可推测吉凶一样，可以从一个人的言语行事、外在形貌体态等方面探知他的内心世界。恪守正义的人，他们不看错误的事物，不听邪恶的声音，谈论的都是《诗经》《尚书》，没有乖僻淫乱的行为。他们的行为举止都遵循道德的要求，表情端庄，相貌温和，这样的人就难以从外貌形态去判断他们的内心世界。遇到这种对手，就赶快隐藏起自己的真情，避免自己的言语中出现漏洞，悄悄地离去。

【原文】

闻声知音者，谓声气不同，恩爱不接。故商、角[①]不二

合，徵、羽不相配，能为四声主者，其唯宫乎。故音不和则悲，是以声散、伤、丑、害者，言必逆于耳也。虽有美行、盛誉，不可比目、合翼[②]相须也。此乃气不合，音不调者也。

【注释】

①商、角：与下文的“徵、羽、宫”统称为五音，商属金，角属木，徵属火，羽属水，宫属土，由于金木水火土五行有相克，因此有乐声不调和的现象。

②合翼：指比翼鸟。

【译文】

所谓“闻声知音”，就是人与人如果言语不合，意气不投，彼此间的感情就不会相通。就如同在五音中，商与角不相和、徵与羽不相配一样，能够主宰协调四音的，只有宫音了。所以音声不和谐，听起来就会非常难受，散、伤、丑、害都是不和之音，用这些话来游说必然难于入耳。即使他们有美好的操行、高尚的声誉，彼此间也依旧不能像比目鱼和比翼鸟那样密切合作。这就是因为气质不和、语言不协调。

【原文】

解仇斗郄，谓解赢[①]微之仇；斗郄者，斗强也。强郄既斗，称胜者高其功，盛其势也。弱者哀其负，伤其卑，污其名，耻其宗[②]。故胜者闻其功势，苟进而不知退；弱

者闻哀其负，见其伤，则强大力倍，死而是也。郄无强大，御无强大，则皆可胁而并。

【注释】

①羸：这里指弱小者。

②耻其宗：羞辱其祖宗。

【译文】

所谓“解仇”，是说要调解两个弱者之间的敌对关系，让他们和解；所谓“斗郄”，则是使两个强大的国家相互争斗。强大的对手争斗时，对于得胜的一方，宣扬其功业，壮大其声势。对于失败的一方，则对他的失败表示哀怜，对他的衰弱表示伤心，玷污他的声名，侮辱他的祖宗。所以，得胜者一听到人们称赞他的威势，便只知道进攻不知道适可而止；而失败者，看到自己的损伤就会努力使自己强大，增加成倍的力量，为此拼死斗争。这样，无论多么强大的敌手和对手，都会因此而削落，我们就可以胁迫甚至吞并他们。

【原文】

缀去者，谓缀已之系言，使有余思[①]也。故接贞信者，称其行，厉[②]其志，言为可复，会之期喜。以他人庶[③]引验以结往，明款款而去之。

【注释】

①余思：遗憾的意思。

②厉：通“励”，激励的意思。

③庶：也许能。

【译文】

所谓“缀去”，就是让即将离开的人能够与我们保持关系，用关心他的话去挽留，使他对离开我们感到很遗憾。对待忠贞守信的人，要称赞他的品行，激励他的志向，言辞中流露出希望他回来的意思，并与他约下见面日期，让他心中高兴。引证别人往日所做的相似成功事例来验证自己的话，希望对方明白将来仍与自己保持亲密关系是可能的，即使款款而去，也十分留恋。

【原文】

却语[1]者，察伺短也。故言多必有数短之处，识其短，验之。动以忌讳，示以时禁。其人恐畏，然后结信，以安其心，收语盖藏而却之。无见己之所不能于多方[2]之人。

【注释】

①却语：有漏洞的语言。

②多方：知识丰富的人。

【译文】

所谓“却语”，是说要在暗中观察他人言语中的漏洞。因为人言多时，必然会有失言的地方，发现其中的漏

洞，并把它与事实相验证。要把他犯了什么忌讳，触动了当时哪个禁令讲给他听，等对方恐惧害怕的时候，再以诚信来结交他，安抚他的恐慌之心，把以前说过的话收藏起来，为他保密，然后离开。不要把自己不能做的，也就是自己的弱点，暴露给知识渊博的人。

【原文】

摄心者，谓逢好学伎术[①]者，则为之称远。方验之道，惊以奇怪，人系其心于己。效之于人，验去，乱其前，吾归诚于己。遭淫酒色者，为之术；音乐动之，以为必死，生日少之忧。喜以自所不见之事，终可以观漫澜[②]之命，使有后会。

【注释】

①伎术：同“技术”。

②漫澜：无限遥远的样子。

【译文】

所谓“摄心”，说的是碰到那些喜欢学习、富有才艺的人，就要为他们扩大宣传，使他的名声传到远近各地。一旦他的才艺得到验证，就惊叹他的奇才异能，对方就会与自己心连心。然后，再把他的特长在众人面前呈现出来，并用古人成功的事例来验证他从前的表现，使他心悦诚服地归附我们。遇到沉湎于酒色的人，就要采用另一种手段。先用音乐、道术使他猛醒过来，使他认识到这样下

去必然早死，再用他不曾见过的美好景象来刺激他们的情绪，使他认识到在遥远的未来其使命之重大，最终他一定有所体悟。

【原文】

守义[①]者，谓守以人义，探其在内以合也。探心，深得其主也，从外制内，事有系曲而随之。故小人比人，则左道[②]而用之，至能败家夺国。非贤智，不能守家以义，不能守国以道。圣人所贵道微妙者，诚以其可以转危为安，救亡使存也。

【注释】

①守义：谨守做人的道义。

②左道：歪门邪道。

【译文】

所谓“守义”，就是谨守做人的道义，用仁义道德去探测对方的内心世界，以求彼此相合。探寻对方内心的想法，就可以掌握他内心的主要思想，我们就可以用相应的权术从外部控制他的内心，让对方因事而求于我们，迎合我们。小人以利与人结交，用的是旁门左道的方法，常常会导致家破国亡。所以说，如果不是贤德和聪明的人，不能用仁义守家，不能用大道守国。圣人之所以看重那些微妙无比的道术，是因为运用它们的确可以使国家转危为安，拯救亡难。

附　录

鬼谷子学生小传

一、孙膑——摘自《史记·孙子吴起列传》

孙武既死，后百余岁有孙膑。膑生阿鄄之间，膑亦孙武之后世子孙也。孙膑尝与庞涓俱学兵法。庞涓既事魏，得为惠王将军，而自以为能不及孙膑，乃阴使召孙膑。膑至，庞涓恐其贤于己，疾之，则以法刑断其两足而黥之，欲隐勿见。

齐使者如梁，孙膑以刑徒阴见，说齐使。齐使以为奇，窃载与之齐。齐将田忌善而客待之。忌数与齐诸公子驰逐重射。孙子见其马足不甚相远，有上、中、下辈。于是孙子谓田忌曰："君弟重射，臣能令君胜。"田忌信然之，与王及诸公子逐射千金。及临质，孙子曰："今以君之下驷与彼上驷，取君上驷与彼中驷，取君中驷与彼下驷。"既驰三辈毕，而田忌一不胜而再胜，卒得王千金。于是忌进孙子于威王。威王问兵法，遂以为师。

其后魏伐赵，赵急，请救于齐。齐威王欲将孙膑，膑辞谢曰："刑余之人不可。"于是乃以田忌为将，而孙子为师，居辎车中，坐为计谋。田忌欲引兵之赵，孙子曰："夫解杂乱纷纠者不控卷，救斗者不搏撠，批亢捣虚，形格势禁，则自为解耳。今梁赵相攻，轻兵锐卒必竭于外，老弱罢于内。君不若引兵疾走大梁，据其街路，冲其方虚，彼必释赵而自救。是我一举解赵之围而收弊于魏也。"田忌从之，魏果去邯郸，与齐战于桂陵，大破梁军。

后十三岁，魏与赵攻韩，韩告急于齐。齐使田忌将而往，直走大梁。魏将庞涓闻之，去韩而归，齐军既已过而西矣。孙子谓田忌曰："彼三晋之兵素悍勇而轻齐，齐号为怯，善战者因其势而利导之。兵法，百里而趣利者蹶上将，五十里而趣利者军半至。使齐军入魏地为十万灶，明日为五万灶，又明日为三万灶。"庞涓行三日，大喜，曰："我固知齐军怯，入吾地三日，士卒亡者过半矣。"乃弃其步军，与其轻锐倍日并行逐之。孙子度其行，暮当至马陵。马陵道陕，而旁多阻隘，可伏兵，乃斫大树白而书之曰"庞涓死于此树之下"。于是令齐军善射者万弩，夹道而伏，期曰"暮见火举而俱发"。庞涓果夜至斫木下，见白书，乃钻火烛之。读其书未毕，齐军万弩俱发，魏军大乱相失。庞涓自知智穷兵败，乃自刭，曰："遂成竖子之名！"齐因乘胜尽破其军，虏魏太子申以归。孙膑以此名显天下，世传其兵法。

二、苏秦——《史记·苏秦列传》

苏秦者，东周雒阳人也。东事师于齐，而习之于鬼谷先生。

出游数岁，大困而归。兄弟嫂妹妻妾窃皆笑之，曰："周人之俗，治产业，力工商，逐什二以为务。今子释本而事口舌，困，不亦宜乎！"苏秦闻之而惭，自伤，乃闭室不出，出其书遍观之。曰："夫士业已屈首受书，而不能以取尊荣，虽多亦奚以为！"于是得周书阴符，伏而读之。期年，以出揣摩，曰："此可以说当世之君矣。"求

说周显王。显王左右素习知苏秦，皆少之，弗信。

乃西至秦。秦孝公卒。说惠王曰："秦四塞之国，被山带渭，东有关河，西有汉中，南有巴蜀，北有代马，此天府也。以秦士民之众，兵法之教，可以吞天下，称帝而治。"秦王曰："毛羽未成，不可以高蜚；文理未明，不可以并兼。"方诛商鞅，疾辩士，弗用。

乃东之赵。赵肃侯令其弟成为相，号奉阳君。奉阳君弗说之。

去游燕，岁余而后得见。说燕文侯曰："燕东有朝鲜、辽东，北有林胡、楼烦，西有云中、九原，南有碣沱、易水，地方二千余里，带甲数十万，车六百乘，骑六千匹，粟支数年。南有碣石、雁门之饶，北有枣栗之利，民虽不佃作而足于枣栗矣。此所谓天府者也。

"夫安乐无事，不见覆军杀将，无过燕者。大王知其所以然乎？夫燕之所以不犯寇被甲兵者，以赵之为蔽其南也。秦赵五战，秦再胜而赵三胜。秦赵相毙，而王以全燕制其后，此燕之所以不犯寇也。且夫秦之攻燕也，逾云中、九原，过代、上谷，弥地数千里，虽得燕城，秦计固不能守也。秦之不能害燕亦明矣。今赵之攻燕也，发号出令，不至十日而数十万之军军于东垣矣。渡嘑沱、涉易水，不至四五日而距国都矣。故曰秦之攻燕也，战于千里之外；赵之攻燕也，战于百里之内。夫不忧百里之患而重千里之外，计无过于此者。是故愿大王与赵从亲，天下为一，则燕国必无患矣。"

文侯曰："子言则可，然吾国小，西迫强赵，南近

齐。齐、赵，强国也。子必欲合从以安燕，寡人请以国从。”于是资苏秦车马金帛以至赵。

而奉阳君已死，即因说赵肃侯曰：“天下卿相人臣及布衣之士，皆高贤君之行义，皆愿奉教陈忠于前之日久矣。虽然，奉阳君妒而君不任事，是以宾客游士莫敢自尽于前者。今奉阳君捐馆舍，君乃今复与士民相亲也，臣故敢进其愚虑。

“窃为君计者，莫若安民无事，且无庸有事于民也。安民之本，在于择交，择交而得则民安，择交而不得则民终身不安。请言外患：齐秦为两敌而民不得安，倚秦攻齐而民不得安，倚齐攻秦而民不得安。故夫谋人之主，伐人之国，常苦出辞断绝人之交也。愿君慎勿出于口。请别白黑，所以异阴阳而已矣。君诚能听臣，燕必致旃裘狗马之地，齐必致鱼盐之海，楚必致橘柚之园，韩、魏、中山皆可使致汤沐之奉，而贵戚父兄皆可以受封侯。夫割地包利，五伯之所以覆军禽将而求也；封侯贵戚，汤武之所以放弑而争也。今君高拱而两有之，此臣之所以为君愿也。

“今大王与秦，则秦必弱韩、魏；与齐，则齐必弱楚、魏。魏弱则割河外，韩弱则效宜阳，宜阳效则上郡绝，河外割则道不通，楚弱则无援。此三策者，不可不孰计也。

“夫秦下轵道，则南阳危；劫韩包围，则赵氏自操兵；据卫取卷，则齐必入朝秦。秦欲已得乎山东，则必举兵而响赵矣。秦甲渡河逾漳，据番吾，则兵必战于邯郸之下矣。此臣之所为君患也。

“当今之时，山东之建国莫强于赵。赵地方二千余里，带甲数十万，车千乘，骑万匹，粟支数年。西有常山，南有河漳，东有清河，北有燕国。燕固弱国，不足畏也。秦之所害于天下者莫如赵，然而秦不敢举兵伐赵者，何也？畏韩、魏之议其后也。然则韩、魏，赵之南蔽也。秦之攻韩、魏也，无有名山大川之限，稍蚕食之，傅国都而止。韩、魏不能支秦，必入臣于秦。秦无韩、魏之规，则祸必中于赵矣。此臣之所为君患也。

“臣闻尧无三夫之分，舜无咫尺之地，以有天下；禹无百人之聚，以王诸侯；汤武之士不过三千，车不过三百乘，卒不过三万，立为天子：诚得其道也。是故明主外料其敌之强弱，内度其士卒贤不肖，不待两军相当而胜败存亡之机固已形于胸中矣，岂掩于众人之言而以冥冥决事哉！

“臣窃以天下之地图案之，诸侯之地五倍于秦，料度诸侯之卒十倍于秦，六国为一，并力西乡而攻秦，秦必破矣。今西面而事之，见臣于秦。夫破人之与破于人也，臣人之与臣于人也，岂可同日而论哉！

“夫衡人者，皆欲割诸侯之地以予秦。秦成，则高台榭，美宫室，听竽瑟之音，前有楼阙轩辕，后有长姣美人，国被秦患而不与其忧。是故夫衡人日夜务以秦权恐愒诸侯以求割地，故愿大王孰计之也。

“臣闻明主绝疑去谗，屏流言之迹，塞朋党之门，故尊主广地强兵之计臣得陈忠于前矣。故窃为大王计，莫

如一韩、魏、齐、楚、燕、赵以从亲，以畔秦。令天下之将相会于洹水之上，通质，刳白马而盟。要约曰：‘秦攻楚，齐、魏各出锐师以佐之，韩绝其粮道，赵涉河漳，燕守常山之北。秦攻韩魏，则楚绝其后，齐出锐师而佐之，赵涉河漳，燕守云中。秦攻齐，则楚绝其后，韩守城皋，魏塞其道，赵涉河漳、博关，燕出锐师以佐之。秦攻燕，则赵守常山，楚军武关，齐涉渤海，韩、魏皆出锐师以佐之。秦攻赵，则韩军宜阳，楚军武关，魏军河外，齐涉清河，燕出锐师以佐之。诸侯有不如约者，以五国之兵共伐之。’六国从亲以宾秦，则秦甲必不敢出于函谷以害山东矣。如此，则霸王之业成矣。”

赵王曰：“寡人年少，立国日浅，未尝得闻社稷之长计也。今上客有意存天下，安诸侯，寡人敬以国从。”乃饰车百乘，黄金千溢，白璧百双，锦绣千纯，以约诸侯。

是时周天子致文武之胙于秦惠王。惠王使犀首攻魏，禽将龙贾，取魏之雕阴，且欲东兵。苏秦恐秦兵之至赵也，乃激怒张仪，入之于秦。

于是说韩宣王曰：“韩北有巩、成皋之固，西有宜阳、商阪之塞，东有宛、穰、洧水，南有陉山，地方九百余里，带甲数十万，天下之强弓劲弩皆从韩出。谿子、少府时力、距来者，皆射六百步之外。韩卒超足而射，百发不暇止，远者括蔽洞胸，近者镝弇心。韩卒之剑戟皆出于冥山，棠溪、墨阳、合赙、邓师、宛冯、龙渊、太阿，皆陆断牛马，水截鹄雁，当敌则斩，坚甲铁幕，革抉㕹芮，

无不毕具。以韩卒之勇，被坚甲，蹠劲弩，带利剑，一人当百，不足言也。夫以韩之劲与大王之贤，乃西面事秦，交臂而服，羞社稷而为天下笑，无大于此者矣。是故愿大王孰计之。

“大王事秦，秦必求宜阳、成皋。今兹效之，明年又复求割地。与则无地以给之，不与则弃前功而受后祸。且大王之地有尽而秦之求无已，以有尽之地而逆无已之求，此所谓市怨结祸者也，不战而地已削矣。臣闻鄙谚曰：‘宁为鸡口，无为牛后。’今西面交臂而臣事秦，何异于牛后乎？夫以大王之贤，挟强韩之兵，而有牛后之名，臣窃为大王羞之。”

于是韩王勃然作色，攘臂瞋目，按剑仰天太息曰：“寡人虽不肖，必不能事秦。今主君诏以赵王之教，敬奉社稷以从。”

又说魏襄王曰：“大王之地，南有鸿沟、陈、汝南、许、郾、昆阳、召陵、舞阳、新都、新郪，东有淮、颍、煮枣、无胥，西有长城之界，北有河外卷、衍、酸枣，地方千里。地名虽小，然而田舍庐庑之数，曾无所刍牧。人民之众，车马之多，日夜行不绝，輷輷殷殷，若有三军之众。臣窃量大王之国不下楚。然衡人怵王交强虎狼之秦以侵天下，卒有秦患，不顾其祸。夫挟强秦之势以内劫其主，罪无过此者。魏，天下之强国也；王，天下之贤王也。今乃有意西面而事秦，称东藩，筑帝宫，受冠带，祠春秋，臣窃为大王耻之。

“臣闻越王勾践战敝卒三千人，禽夫差于干遂；武王卒三千人，革车三百乘，制纣于牧野：岂其士卒众哉，诚能奋其威也。今窃闻大王之卒，武士二十万，苍头二十万，奋击二十万，厮徒十万，车六百乘，骑五千匹。比其过越王勾践、武王远矣，今乃听于群臣之说而欲臣事秦。夫事秦必割地以效实，故兵未用而国已亏矣。凡群臣之言事秦者，皆奸人，非忠臣也。夫为人臣，割其主之地以求外交，偷取一时之功而不顾其后，破公家而成私门，外挟强秦之势以内劫其主，以求割地，愿大王孰察之。

“《周书》曰：‘绵绵不绝，蔓蔓奈何？豪氂不伐，将用斧柯。’前虑不定，后有大患，将奈之何？大王诚能听臣，六国从亲，专心并力壹意，则必无强秦之患。故敝邑赵王使臣效愚计，奉明约，在大王之诏诏之。”

魏王曰：“寡人不肖，未尝得闻明教。今主君以赵王之诏诏之，敬以国从。”

因东说齐宣王曰：“齐南有泰山，东有琅邪，西有清河，北有勃海，此所谓四塞之国也。齐地方二千余里，带甲数十万，粟如丘山。三军之良，五家之兵，进如锋矢，战如雷霆，解如风雨。即有军役，未尝倍泰山，绝清河，涉勃海也。临菑之中七万户，臣窃度之，不下户三男子，三七二十一万，不待发于远县，而临菑之卒固已二十一万矣。临菑甚富而实，其民无不吹竽鼓瑟，弹琴击筑，斗鸡走狗，六博蹹鞠者。临菑之涂，车毂击，人肩摩，连衽成帷，举袂成幕，挥汗成雨，家殷人足，志高气扬。夫以大

王之贤与齐之强，天下莫能当。今乃西面而事奉，臣窃为大王羞之。

“且夫韩、魏之所以重畏秦者，为与秦接境壤界也。兵出而相当，不出十日而战胜存亡之机决矣。韩、魏战而胜秦，则兵半折，四境不守；战而不胜，则国已危亡随其后。是故韩、魏之所以重与秦战，而轻为之臣也。今秦之攻齐则不然。倍韩、魏之地，过卫阳晋之道，径乎亢父之险，车不得方轨，骑不得比行，百人守险，千人不敢过也。秦虽欲深入，则狼顾，恐韩、魏之议其后也。是故恫疑虚猲，骄矜而不敢进，则秦之不能害齐亦明矣。

夫不深料秦之无奈齐何，而欲西面而事之，是群臣之计过也。今无臣事秦之名而有强国之实，臣是故愿大王少留意计之。”

齐王曰：“寡人不敏，僻远守海，穷道东境之国也，未尝得闻余教。今足下以赵王诏诏之，敬以国从。”

乃西南说楚威王曰：“楚，天下之强国也；王，天下之贤王也。西有黔中、巫郡，东有夏州、海阳，南有洞庭、苍梧，北有陉塞、郇阳，地方五千余里，带甲百万，车千乘，骑万匹，粟支十年。此霸王之资也。夫以楚之强与王之贤，天下莫能当也。今乃欲西面而事秦，则诸侯莫不西面而朝于章台之下矣。

“秦之所害莫如楚，楚强则秦弱，秦强则楚弱，其势不两立。故为大王计，莫如从亲以孤秦。大王不从亲，秦必起两军，一军出武关，一军下黔中，则鄢郢动矣。

“臣闻治之其未乱也，为之其未有也。患后而后忧之，则无及已。故愿大王蚤孰计之。”

“大王诚能听臣，臣请令山东之国奉四时之献，以承大王之明诏，委社稷，奉宗庙，练士厉兵，在大王之所用之。大王诚能用臣之愚计，则韩、魏、齐、燕、赵、卫之妙音美人必充后宫，燕代橐驼良马必实外厩。故从合则楚王，衡成则秦帝。今释霸王之业，而有事人之名，臣窃为大王不取也。

“夫秦，虎狼之国也，有吞天下之心。秦，天下之仇雠也。衡人皆欲割诸侯之地以事秦，此所谓养仇而奉雠者也。夫为人臣，割其主之地以外交强虎狼之秦，以侵天下，卒有秦患，不顾其祸。夫外挟强秦之威以内劫其主，以求割地，大逆不忠，无过此者。故从亲则诸侯割地以事楚，衡合则楚割地以事秦，此两策者相去远矣，二者大王何居焉？故敝邑赵王使臣效愚计，奉明约，在大王诏之。”

楚王曰：“寡人之国西与秦接境，秦有举巴蜀并汉中之心。秦，虎狼之国，不可亲也。而韩、魏迫于秦患，不可与深谋，与深谋恐反人以入于秦，故谋未发而国已危矣。寡人自料以楚当秦，不见胜也；内与群臣谋，不足恃也。寡人卧不安席，食不甘味，心摇摇然如悬旌而无所终薄。今主君欲一天下，收诸侯，存危国，寡人谨奉社稷以从。”

于是六国从合而并力焉。苏秦为从约长，并相六国。

北报赵王，乃行过雒阳，车骑辎重，诸侯各发使送之甚众，疑于王者。周显王闻之恐惧，除道，使人郊劳。苏秦之昆弟妻嫂侧目不敢仰视，俯伏侍取食。苏秦笑谓其嫂曰："何前倨而后恭也？"嫂委蛇蒲服，以面掩地而谢曰："见季子位高金多也。"苏秦喟然叹曰："此一人之身，富贵则亲戚畏惧之，贫贱则轻易之，况众人乎！且使我有雒阳负郭田二顷，吾岂能佩六国相印乎！"于是散千金以赐宗族朋友。初，苏秦之燕，贷人百钱为资，及得富贵，以百金偿之。遍报诸所尝见德者。其从者有一人独未得报，乃前自言。苏秦曰："我非忘子。子之与我至燕，再三欲去我易水之上，方是时，我困，故望子深，是以后子。子今亦得矣。"

苏秦既约六国从亲，归赵，赵肃侯封为武安君，乃投从约书于秦。秦兵不敢窥函谷关十五年。

其后秦使犀首欺齐、魏，与共伐赵，欲败从约。齐、魏伐赵，赵王让苏秦。苏秦恐，请使燕，必报齐。苏秦去赵而从约皆解。

秦惠王以其女为燕太子妇。是岁，文侯卒，太子立，是为燕易王。易王初立，齐宣王因燕丧伐燕，取十城。易王谓苏秦曰："往日先生至燕，而先王资先生见赵，遂约六国从。今齐先伐赵，次至燕，以先生之故为天下笑，先生能为燕得侵地乎？"苏秦大惭，曰："请为王取之。"

苏秦见齐王，再拜，俯而庆，仰而吊。齐王曰："是何庆吊相随之速也？"苏秦曰："臣闻饥人所以饥而不食

乌喙者，为其愈充腹而与饿死同患也。今燕虽弱小，即秦王之少婿也。大王利其十城而长与强秦为仇。今使弱燕为雁行而强秦敝其后，以招天下之精兵，是食乌喙之类也。”齐王愀然变色曰：“然则奈何？”苏秦曰：“臣闻古之善制事者，转祸为福，因败为功。大王诚能听臣计，即归燕之十城。燕无故而得十城，必喜；秦王知以己之故而归燕之十城，亦必喜。此所谓弃仇雠而得石交者也。大燕、秦俱事齐，则大王号令天下，莫敢不听。是王以虚辞附秦，以十城取天下。此霸王之业也。”王曰：“善。”于是乃归燕之十城。

人有毁苏秦者曰：“左右卖国反覆之臣也，将作乱。”苏秦恐得罪，归，而燕王不复官也。苏秦见燕王曰：“臣，东周之鄙人也，无有分寸之功，而王亲拜之于庙而礼之于廷。今臣为王却齐之兵而得十城，宜以益亲。今来而王不官臣者，人必有以不信伤臣于王者。臣之不信，王之福也。臣闻忠信者，所以自为也；进取者，所以为人也。且臣之说齐王，曾非欺之也。臣弃老母于东周，固去自为而行进取也。今有孝如曾参，廉如伯夷，信如尾生。得此三人者以事大王，何若？”王曰：“足矣。”苏秦曰：“孝如曾参，义不离其亲 宿于外，王又安能使之步行千里而事弱燕之危王哉？廉如伯夷，义不为孤竹君之嗣，不肯为武王臣，不受封侯而饿死首阳山下。有廉如此，王又安能使之步行千里而行进取于齐哉？信如尾生，与女子期于梁下，女子不来，水至不去，抱柱而死。有信

如此，王又安能使之步行千里却齐之强兵哉？臣所谓以忠信得罪于上者也。”燕王曰：“若不忠信耳，岂有以忠信而得罪者乎？”苏秦曰：“不然。臣闻客有远为吏而其妻私于人者，其夫将来，其私者忧之，妻曰‘勿忧，吾已作药酒待之矣’。居三日，其夫果至，妻使妾举药酒进之。妾欲言酒之有药，则恐其逐主母也；欲勿言乎，则恐其杀主父也。于是乎详僵而弃酒。主父大怒，笞之五十。故妾一僵而覆酒，上存主父，下存主母。然而不免于笞，恶在乎忠信之无罪也夫？臣之过，不幸而类是乎？”燕王曰：“先生复就故官。”益厚遇之。

易王母，文侯夫人也，与苏秦私通。燕王知之，而事之加厚。苏秦恐诛，乃说燕王曰：“臣居燕不能使燕重，而在齐则燕必重。”燕王曰：“唯先生之所为。”于是苏秦详为得罪于燕王而亡走齐，齐宣王以为客卿。

齐宣王卒，湣王即位，说湣王厚葬以明孝，高宫室大苑囿以明得意，欲破敝齐而为燕。燕易王卒，燕哙立为王。其后齐大夫多与苏秦争宠者，而使人刺苏秦，不死，殊而走。齐王使人求贼，不得。苏秦且死，乃谓齐王曰：“臣即死，车裂臣于徇于市，曰‘苏秦为燕作乱于齐’，如此则臣之贼必得矣。”于是如其言，而杀苏秦者果自出，齐王因而诛之。燕闻之曰：“甚矣，齐之为苏生报仇也！”

苏秦既死，其事大泄。齐后闻之，乃恨怒燕。燕甚恐。苏秦之弟曰代，代弟苏厉，见兄遂，亦皆学。及苏秦

死，代乃求见燕王，欲袭故事。曰：“臣，东周之鄙人也。窃闻大王义甚高，鄙人不敏，释钼耨而干大王。至于邯郸，所见者绌于所闻于东周，臣窃负其志。及至燕廷，观王之群臣下吏，王，天下之明王也。”燕王曰：“子所谓明王者何如也？”对曰：“臣闻明王务闻其过，不欲闻其善，臣请谒王之过。夫齐、赵者，燕之仇雠也；楚、魏者，燕之援国也。今王奉仇雠以伐援国，非所以利燕也。王自虑之，此则计过，无以闻者，非忠臣也。”王曰：“夫齐者固寡人之雠，所欲伐也，直患国敝力不足也。子能以燕伐齐，则寡人举国委子。”对曰：“凡天下战国七，燕处弱焉。独战则不能，有所附则无不重。南附楚，楚重；西附秦，秦重；中附韩、魏，韩、魏重。且苟所附之国重，此必使王重矣。今夫齐，长主而自用也。南攻楚五年，畜聚竭；西困秦三年，士卒罢敝；北与燕人战，覆三军，得二将。然而以其余兵南面举五千乘之大宋，而包十二诸侯。此其君欲得，其民力竭，恶足取乎！且臣闻之，数战则民劳，久师则兵敝矣。”燕王曰：“吾闻齐有清济、浊河可以为固，长城、钜防足以为塞，诚有之乎？”对曰：“天时不与，虽有清济、浊河，恶足以为固！民力罢敝，虽有长城、钜防，恶足以为塞！且异日济西不师，所以备赵也；河北不师，所以备燕也。今济西河北尽已役矣，封内敝矣。夫骄君必好利，而亡国之臣必贪于财。王诚能无羞从子母弟以为质，宝珠玉帛以事左右，彼将有德燕而轻亡宋，则齐可亡已。”燕王曰：“吾终以

子受命于天矣。”燕乃使一子质于齐。而苏厉因燕质子而求见齐王。齐王怨苏秦，欲囚苏厉。燕质子为谢，已遂委质为齐臣。

燕相子之与苏代婚，而欲得燕权，乃使苏代侍质子于齐。齐使代报燕，燕王哙问曰：“齐王其霸乎？”曰：“不能。”曰：“何也？”曰：“不信其臣。”于是燕王专任子之，已而让位，燕大乱。齐伐燕，杀王哙、子之。燕立昭王，而苏代、苏厉遂不敢入燕，皆终归齐，齐善待之。

苏代过魏，魏为燕执代。齐使人谓魏王曰：“齐请以宋地封泾阳君，秦必不受。秦非不利有齐而得宋地也，不信齐王与苏子也。今齐魏不和如此其甚，则齐不欺秦。秦信齐，齐秦合，泾阳君有宋地，非魏之利也。故王不如东苏子，秦必疑齐而不信苏子矣。齐秦不合，天下无变，伐齐之形成矣。”于是出苏代。代之宋，宋善待之。

齐伐宋，宋急，苏代乃遗燕昭王书曰：夫列在万乘而寄质于齐，名卑而权轻；奉万乘助齐伐宋，民劳而实费；夫破宋，残楚淮北，肥大齐，雠强而国害：此三者皆国之大败也。然且王行之者，将以取信于齐也。齐加不信于王，而忌燕愈甚，是王之计过矣。夫以宋加之淮北，强万乘之国也，而齐并之，是益一齐也。北夷方七百里，加之以鲁、卫，强万乘之国也，而齐并之，是益二齐也。夫一齐之强，燕犹狼顾而不能支，今以三齐临燕，其祸必大矣。

虽然，智者举事，因祸为福，转败为功。齐紫，败素也，而贾十倍；越王勾践栖于会稽，复残强吴而霸天下：此皆因祸为福，转败为功者也。

今王若欲因祸为福，转败为功，则莫若挑霸齐而尊之，使使盟于周室，焚秦符，曰“其大上计，破秦；其次，必长宾之”。秦挟宾以待破，秦王必患之。秦五世伐诸侯，今为齐下，秦王之志苟得穷齐，不惮以国为功。然则王何不使辩士以此言说秦王曰：“燕、赵破宋肥齐，尊之为之下者，燕、赵非利之也。燕、赵不利而势为之者，以不信秦王也。然则王何不使可信者接收燕、赵，令泾阳君、高陵君先于燕、赵？秦有变，因以为质，则燕、赵信秦。秦为西帝，燕为北帝，赵为中帝，立三帝以令于天下。韩、魏不听则秦伐之，齐不听则燕、赵伐之，天下孰敢不听？天下服听，因驱韩、魏以伐齐，曰‘必反宋地，归楚淮北’。反宋地，归楚淮北，燕、赵之所利也；并立三帝，燕、赵之所愿也。夫实得所利，尊得所愿，燕、赵弃齐如脱蹝矣。今不收燕、赵，齐霸必成。诸侯赞齐而王不从，是国伐也；诸侯赞齐而王从之，是名卑也。今收燕、赵，国安而民尊；不收燕、赵，国危而名卑。夫去尊安而取危卑，智者不为也。”秦王闻若说，必若刺心然。则王何不使辩士以此若言说秦？秦必取，齐必伐矣。

夫取秦，厚交也；代齐，正利也。尊厚交，务正利，圣王之事也。

燕昭王善其书，曰：“先人尝有德苏氏，子之之乱而

苏氏去燕。燕欲报仇于齐，非苏氏莫可。”乃召苏代，复善待之，与谋伐齐。竟破齐，湣王出走。

久之，秦召燕王，燕王欲往，苏代约燕王曰：“楚得枳而国亡，齐得宋而国亡，齐、楚不得以有枳、宋而事秦者，何也？则有功者，秦之深雠也。秦取天下，非行义也，暴也。秦之行暴，正告天下。

“告楚曰：‘蜀地之甲，乘船浮于汶，乘夏水而下江，五日而至郢。汉中之甲，乘船出于巴，乘夏水而下汉，四日而至五渚。寡人积甲宛东下随，智者不及谋，勇士不及怒，寡人如射隼矣。王乃欲待天下之攻函谷，不亦远乎！’楚王为是故，十七年事秦。

“秦正告韩曰：‘我起乎少曲，一日而断大行。我起乎宜阳而触平阳，二日而莫不尽繇。我离两周而触郑，五日而国举。’韩氏以为然，故事秦。

“秦正告魏曰：‘我举安邑，塞女戟，韩氏太原卷。我下轵，道南阳，封冀，包两周。乘夏水，浮轻舟，强弩在前，锬戈在后，决荥口，魏无大梁；决白马之口，魏无外黄、济阳；决宿胥之口，魏无虚、顿丘。陆攻则击河内，水攻则灭大梁。’魏氏以为然，故事秦。

“秦欲攻安邑，恐齐救之，则以宋委于齐。曰：‘宋王无道，为木人以象寡人，射其面。寡人地绝兵远，不能攻也。王苟能破宋有之，寡人如自得之。’”已得安邑，塞女戟，因以破宋为齐罪。

“秦欲攻韩，恐天下救之，则以齐委于天下。曰：

‘齐王四与寡人约，四欺寡人，必率天下以攻寡人者三。有齐无秦，有秦无齐，必伐之，必亡之。’已得宜阳、少曲，致蔺、离石，因以破齐为天下罪。

“秦欲攻魏重楚，则以南阳委于楚。曰：‘寡人固与韩且绝矣。残均陵，塞鄳阸，苟利于楚，寡人如自有之。’魏弃与国而合于秦，因以塞鄳阸为楚罪。

“兵困于林中，重燕、赵，以胶东委于燕，以济西委于赵。已得讲于魏，至公子延，因犀首属行而攻赵。

“兵伤于谯石，而遇败于阳马，而重魏，则以叶、蔡委于魏。已得讲于赵，则劫魏，魏不为割。困则使太后弟穰侯为和，嬴则兼欺舅与母。

“适燕者曰‘以胶东’，适赵者曰‘以济西’，适魏者曰‘以叶、蔡’，适楚者曰‘以塞鄳阸’，适齐者曰‘以宋’。此必令言如循环，用兵如刺蜚，母不能制，舅不能约。

“龙贾之战，岸门之战，封陵之战，高商之战，赵庄之战，秦之所杀三晋之民数百万，今其生者皆死秦之孤也。西河之外，上雒之地，三川晋国之祸，三晋之半，秦祸如此其大也。而燕、赵之秦者，皆以争事秦说其主，此臣之所大患也。”

燕昭王不行。苏代复重于燕。

燕使约诸侯从亲如苏秦时，或从或不，而天下由此宗苏氏之从约。代、厉皆以寿死，名显诸侯。

太史公曰：苏秦兄弟三人，皆游说诸侯以显名，其术

长于权变。而苏秦被反间以死，天下共笑之，讳学其术。然世言苏秦多异，异时事有类之者皆附之苏秦。夫苏秦起闾阎，连六国从亲，此其智有过人者。吾故列其行事，次其时序，毋令独蒙恶声焉。

三、张仪——《史记·张仪列传》

张仪者，魏人也。始尝与苏秦俱事鬼谷先生，学术，苏秦自以不及张仪。

张仪已学而游说诸侯。尝从楚相饮，已而楚相亡璧，门下意张仪，曰："仪贫无行，必此盗相君之璧。"共执张仪，掠笞数百，不服，释之。其妻曰："嘻！子毋读书游说，安得此辱乎？"张仪谓其妻曰："视吾舌尚在不？"其妻笑曰："舌在也。"仪曰："足矣。"

苏秦已说赵王而得相约从亲，然恐秦之攻诸侯，败约后负，念莫可使用于秦者，乃使人微感张仪曰："子始与苏秦善，今秦已当路，子何不往游，以求通子之愿？"张仪于是之赵，上谒求见苏秦。苏秦乃诫门下人不为通，又使不得去者数日。已而见之，坐之堂下，赐仆妾之食。因而数让之曰："以子之材能，乃自令困辱至此。吾宁不能言而富贵子，子不足收也。"谢去之。张仪之来也，自以为故人，求益反见辱，怒，念诸侯莫可事，独秦能苦赵，乃遂入秦。

苏秦已而告其舍人曰："张仪，天下贤士，吾殆弗如也。今吾幸先用，而能用秦柄者，独张仪可耳。然贫，无

因以进。吾恐其乐小利而不遂，故召辱之，以激其意。子为我阴奉之。”乃言赵王，发金币车马，使人微随张仪，与同宿舍，稍稍近就之，奉以车马金钱，所欲用，为取给而弗告。张仪遂得以见秦惠王。惠王以为客卿，与谋伐诸侯。

苏秦之舍人乃辞去。张仪曰：“赖子得显，方且报德，何故去也？”舍人曰：“臣非知君，知君乃苏君。苏君忧秦伐赵败从约，以为非君莫能得秦柄，故感怒君，使臣阴奉给君资，尽苏君之计谋。今君已用，请归报。”张仪曰：“嗟乎，此在吾术中而不悟，吾不及苏君明矣！吾又新用，安能谋赵乎？为吾谢苏君，苏君之时，仪何敢言。且苏君在，仪宁渠能乎！”张仪既相秦，为文檄告楚相曰：“始吾从若饮，我不盗而璧，若笞我。若善守汝国，我顾且盗而城！”

苴蜀相攻击，各来告急于秦。秦惠王欲发兵以伐蜀，以为道险狭难至，而韩又来侵秦。秦惠王欲先伐韩，后伐蜀，恐不利，欲先伐蜀，恐韩袭秦之敝，犹豫未能决。司马错与张仪争论于惠王之前，司马错欲伐蜀，张仪曰：“不如伐韩。”王曰：“请闻其说。”

仪曰：“亲魏善楚，下兵三川，塞什谷之口，当屯留之道，魏绝南阳，楚临南郑，秦攻新城、宜阳，以临二周之郊，诛周王之罪，侵楚、魏之地。周自知不能救，九鼎宝器必出。据九鼎，案图籍，挟天子以令于天下，天下莫敢不听，此王业也。今夫蜀，西僻之国而戎翟之伦也，

敝兵劳众不足以成名，得其地不足以为利。臣闻争名者于朝，争利者于市。今三川、周室，天下之朝市也，而王不争焉，顾争于戎翟，去王业远矣。”

司马错曰：“不然。臣闻之，欲富国者务广其地，欲强兵者务富其民，欲王者务博其德，三资者备而王随之矣。今王地小民贫，故臣愿先从事于易。夫蜀，西僻之国也，而戎翟之长也，有桀纣之乱。以秦攻之，譬如使豺狼逐群羊。得其地足以广国，取其财足以富民缮兵，不伤众而彼已服焉。拔一国而天下不以为暴，利尽西海而天下不以为贪，是我一举而名实附也，而又有禁暴止乱之名。今攻韩，劫天子，恶名也，而未必利也，又有不义之名，而攻天下所不欲，危矣。臣请谒其故：周，天下之宗室也；齐，韩之与国也。周自知失九鼎，韩自知亡三川，将二国并力合谋，以因乎齐、赵而求解乎楚、魏，以鼎与楚，以地与魏，王弗能止也。此臣之所谓危也。不如伐蜀完。”

惠王曰：“善，寡人请听子。”卒起兵伐蜀，十月，取之，遂定蜀，贬蜀王更号为侯，而使陈庄相蜀。蜀既属秦，秦以益强，富厚，轻诸侯。

秦惠王十年，使公子华与张仪围蒲阳，降之。仪因言秦复与魏，而使公子繇质于魏。仪因说魏王曰：“秦王之遇魏甚厚，魏不可以无礼。”魏因入上郡、少梁，谢秦惠王。惠王乃以张仪为相，更名少梁曰夏阳。

仪相秦四岁，立惠王为王。居一岁，为秦将，取陕。筑上郡塞。

其后二年，使与齐、楚之相会啮桑。东还而免相，相魏以为秦，欲令魏先事秦而诸侯效之。魏王不肯听仪。秦王怒，伐取魏之曲沃、平周，复阴厚张仪益甚。张仪惭，无以归报。留魏四岁而魏襄王卒，哀王立。张仪复说哀王，哀王不听。于是张仪阴令秦伐魏。魏与秦战，败。

明年，齐又来败魏于观津。秦复欲攻魏，先败韩申差军，斩首八万，诸侯震恐。而张仪复说魏王曰："魏地方不至千里，卒不过三十万。地四平，诸侯四通辐凑，无名山大川之限。从郑至梁二百余里，车驰人走，不待力而至。梁南与楚境，西与韩境，北与赵境，东与齐境，卒戍四方，守亭鄣者不下十万。梁之地势，固战场也。梁南与楚而不与齐，则齐攻其东；东与齐而不与赵，则赵攻其北；不合于韩，则韩攻其西；不亲于楚，则楚攻其南：此所谓四分五裂之道也。

"且夫诸侯之为从者，将以安社稷尊主强兵显名也。今从者一天下，约为昆弟，刑白马以盟洹水之上，以相坚也。而亲昆弟同父母，尚有争钱财，而欲恃诈伪反覆苏秦之余谋，其不可成亦明矣。

"大王不事秦，秦下兵攻河外，据卷、衍、燕、酸枣，劫卫取阳晋，则赵不南，赵不南而梁不北，梁不北则从道绝，从道绝则大王之国欲毋危不可得也。秦折韩而攻梁，韩怯于秦，秦韩为一，梁之亡可立而须也。此臣之所为大王患也。

"为大王计，莫如事秦。事秦则楚、韩必不敢动；

无楚、韩之患，则大王高枕而卧，国必无忧矣。

“且夫秦之所欲弱者莫如楚，而能弱楚者莫如梁。楚虽有富大之名而实空虚；其卒虽多，然而轻走易北，不能坚战。悉梁之兵南面而伐楚，胜之必矣。割楚而益梁，亏楚而适秦，嫁祸安国，此善事也。大王不听臣，秦下甲士而东伐，虽欲事秦，不可得矣。

“且夫从人多奋辞而少可信，说一诸侯而成封侯，是故天下之游谈士莫不日夜搤腕瞋目切齿以言从之便，以说人主。人主贤其辩而牵其说，岂得无眩哉。

“臣闻之，积羽沈舟，群轻折轴，众口铄金，积毁销骨，故愿大王审定计议，且赐骸骨辟魏。”

哀王于是乃倍从约而因仪请成于秦。张仪归，复相秦。三岁而魏复背秦为从。秦攻魏，取曲沃。明年，魏复事秦。

秦欲伐齐，齐楚从亲，于是张仪往相楚。楚怀王闻张仪来，虚上舍而自馆之。曰：“此僻陋之国，子何以教之？”仪说楚王曰：“大王诚能听臣，闭关绝约于齐，臣请献商於之地六百里，使秦女得为大王箕帚之妾，秦楚娶妇嫁女，长为兄弟之国。此北弱齐而西益秦也，计无便此者。”楚王大说而许之。群臣皆贺，陈轸独吊之。楚王怒曰：“寡人不兴师发兵得六百里地，群臣皆贺，子独吊，何也？”陈轸对曰：“不然，以臣观之，商於之地不可得而齐秦合，齐秦合则患必至矣。”楚王曰：“有说乎？”陈轸对曰：“夫秦之所以重楚者，以其有齐也。今闭关绝

约于齐，则楚孤。秦奚贪夫孤国，而与之商於之地六百里？张仪至秦，必负王，是北绝齐交，西生患于秦也，而两国之兵必俱至。善为王计者，不若阴合而阳绝于齐，使人随张仪。苟与吾地，绝齐未晚也；不与吾地，阴合谋计也。”楚王曰：“愿陈子闭口毋复言，以待寡人得地。”乃以相印授张仪，厚赂之。于是遂闭关绝约于齐，使一将军随张仪。

张仪至秦，佯失绥堕车，不朝三月。楚王闻之，曰：“仪以寡人绝齐未甚邪？”乃使勇士至宋，借宋之符，北骂齐王。齐王大怒，折节而下秦。秦齐之交合，张仪乃朝，谓楚使者曰：“臣有奉邑六里，愿以献大王左右。”楚使者曰：“臣受令於王，以商於之地六百里，不闻六里。”还报楚王，楚王大怒，发兵而攻秦。陈轸曰：“轸可发口言乎？攻之不如割地反以赂秦，与之并兵而攻齐，是我出地于秦，取偿于齐也，王国尚可存。”楚王不听，卒发兵而使将军屈匄击秦。秦齐共攻楚，斩首八万，杀屈匄，遂取丹阳、汉中之地。楚又复益发兵而袭秦，至蓝田，大战，楚大败，于是楚割两城以与秦平。

秦要楚欲得黔中地，欲以武关外易之。楚王曰：“不愿易地，愿得张仪而献黔中地。”秦王欲遣之，口弗忍言。张仪乃请行。惠王曰：“彼楚王怒子之负以商於之地，是且甘心于子。”张仪曰：“秦强楚弱，臣善靳尚，尚得事楚夫人郑袖，袖所言皆从。且臣奉王之节使楚，楚何敢加诛。假令诛臣而为秦得黔中之地，臣之上愿。”遂

使楚。楚怀王至则囚张仪，将杀之。靳尚谓郑袖曰：“子亦知子之贱于王乎？”郑袖曰：“何也？”靳尚曰：“秦王甚爱张仪而不欲出之，今将以上庸之地六县赂楚，以美人聘楚，以宫中善歌讴者为媵。楚王重地尊秦，秦女必贵而夫人斥矣。不若为言而出之。”于是郑袖日夜言怀王曰：“人臣各为其主用。今地未入秦，秦使张仪来，至重王。王未有礼而杀张仪，秦必大怒攻楚。妾请子母俱迁江南，毋为秦所鱼肉也。”怀王后悔，赦张仪，厚礼之如故。

张仪既出，未去，闻苏秦死，乃说楚王曰：“秦地半天下，兵敌四国，被险带河，四塞以为固。虎贲之士百余万，车千乘，骑万匹，积粟如丘山。法令既明，士卒安难乐死，主明以严，将智以武，虽无出甲，席卷常山之险，必折天下之脊，天下有后服者先亡。且夫为从者，无以异于驱群羊而攻猛虎，虎之与羊不格明矣。今王不与猛虎而与群羊，臣窃以为大王之计过也。

“凡天下强国，非秦而楚，非楚而秦，两国交争，其势不两立。大王不与秦，秦下甲据宜阳，韩之上地不通。下河东，取成皋，韩必入臣，梁则从风而动。秦攻楚之西，韩、梁攻其北，社稷安得毋危？

“且夫从者聚群弱而攻至强，不料敌而轻战，国贫而数举兵，危亡之术也。臣闻之，兵不如者勿与挑战，粟不如者勿与持久。夫从人饰辩虚辞，高主之节，言其利不言其害，卒有秦祸，无及为已。是故愿大王之孰计之。

“秦西有巴蜀，大船积粟，起于汶山，浮江已下，至楚三千余里。舫船载卒，一舫载五十人与三月之食，下水而浮，一日行三百余里，里数虽多，然而不费牛马之力，不至十日而距扞关。扞关惊，则从境以东尽城守矣，黔中、巫郡非王之有。秦举甲出武关，南面而伐，则北地绝。秦兵之攻楚也，危难在三月之内，而楚待诸侯之救，在半岁之外，此其势不相及也。夫恃弱国之救，忘强秦之祸，此臣所以为大王患也。

“大王尝与吴人战，五战而三胜，阵卒尽矣；偏守新城，存民苦矣。臣闻功大者易危，而民敝者怨上。夫守易危之功而逆强秦之心，臣窃为大王危之。

“且夫秦之所以不出兵函谷十五年以攻齐、赵者，阴谋有合天下之心。楚尝与秦构难，战于汉中，楚人不胜，列侯执珪死者七十余人，遂亡汉中。楚王大怒，兴兵袭秦，战于蓝田。此所谓两虎相搏者也。夫秦楚相敝而韩魏以全制其后，计无危于此者矣。愿大王孰计之。

“秦下甲攻卫阳晋，必大关天下之匈。大王悉起兵以攻宋，不至数月而宋可举，举宋而东指，则泗上十二诸侯尽王之有也。

“凡天下而以信约从亲相坚者苏秦，封武安君，相燕，即阴与燕王谋伐破齐而分其地；乃详有罪出走入齐，齐王因受而相之；居二年而觉，齐王大怒，车裂苏秦于市。夫以一诈伪之苏秦，而欲经营天下，混一诸侯，其不可成亦明矣。

“今秦与楚接境壤界，固形亲之国也。大王诚能听臣，臣请使秦太子入质于楚，楚太子入质于秦，请以秦女为大王箕帚之妾，效万室之都以为汤沐之邑，长为昆弟之国，终身无相攻伐。臣以为计无便于此者。”

于是楚王已得张仪而重出黔中地与秦，欲许之。屈原曰：“前大王见欺于张仪，张仪至，臣以为大王烹之；今纵弗忍杀之，又听其邪说，不可。”怀王曰：“许仪而得黔中，美利也。后而倍之，不可。”故卒许张仪，与秦亲。

张仪去楚，因遂之韩，说韩王曰：“韩地险恶山居，五谷所生，非菽而麦，民之食大抵菽藿羹。一岁不收，民不餍糟糠。地不过九百里，无二岁之食。料大王之卒，悉之不过三十万，而厮徒负养在其中矣。除守徼亭障塞，见卒不过二十万而已矣。秦带甲百余万，车千乘，骑万匹，虎贲之士跿跔科头贯颐奋戟者，至不可胜计。秦马之良，戎兵之众，探前趹后蹄间三寻腾者，不可胜数。山东之士被甲蒙胄以会战，秦人捐甲徒裼以趋敌，左挈人头，右挟生虏。夫秦卒与山东之卒，犹孟贲之与怯夫；以重力相压，犹乌获之与婴儿。夫战孟贲、乌获之士以攻不服之弱国，无异垂千钧之重于鸟卵之上，必无幸矣。

“夫群臣诸侯不料地之寡，而听从人之甘言好辞，比周以相饰也，皆奋曰‘听吾计可以彊霸天下’。夫不顾社稷之长利而听须臾之说，诖误人主，无过此者。

“大王不事秦，秦下甲据宜阳，断韩之上地，东取

成皋、荥阳，则鸿台之宫、桑林之苑非王之有也。夫塞成皋，绝上地，则王之国分矣。先事秦则安，不事秦则危。夫造祸而求其福报，计浅而怨深，逆秦而顺楚，虽欲毋亡，不可得也。

“故为大王计，莫如为秦。秦之所欲莫如弱楚，而能弱楚者如韩。非以韩能强于楚也，其地势然也。今王西面而事秦以攻楚，秦王必喜。夫攻楚以利其地，转祸而悦秦，计无便于此者。”

韩王听仪计。张仪归报，秦惠王封仪五邑，号曰武信君。使张仪东说齐湣王曰：“天下强国无过齐者，大臣父兄殷众富乐。然而为大王计者，皆为一时之说，不顾百世之利。从人说大王者，必曰‘齐西有强赵，南有韩与梁。齐，负海之国也，地广民众，兵强士勇，虽有百秦，将无柰齐何’。大王贤其说而不计其实。夫从人朋党比周，莫不以从为可。臣闻之，齐与鲁三战而鲁三胜，国以危亡随其后，虽有战胜之名，而有亡国之实。是何也？齐大而鲁小也。今秦之与齐也，犹齐之与鲁也。秦赵战于河漳之上，再战而赵再胜秦；战于番吾之下，再战又胜秦。四战之后，赵之亡卒数十万，邯郸仅存，虽有战胜之名而国已破矣。是何也？秦强而赵弱。

“今秦楚嫁女娶妇，为昆弟之国。韩献宜阳；梁效河外；赵入朝渑池，割河间以事秦。大王不事秦，秦驱韩梁攻齐之南地，悉赵兵渡清河，指博关，临菑、即墨非王之有也。国一日见攻，虽欲事秦，不可得也。是故愿大王孰

计之也。”

齐王曰：“齐僻陋，隐居东海之上，未尝闻社稷之长利也。”乃许张仪。

张仪去，西说赵王曰：“敝邑秦王使使臣效愚计于大王。大王收率天下以宾秦，秦兵不敢出函谷关十五年。大王之威行于山东，敝邑恐惧慑伏，缮甲厉兵，饰车骑，习驰射，力田积粟，守四封之内，愁居慑处，不敢动摇，唯恐大王有意督过之也。

“今以大王之力，举巴蜀，并汉中，包两周，迁九鼎，守白马之津。秦虽僻远，然而心忿含怒之日久矣。今秦有敝甲凋兵，军于渑池，愿渡河逾漳，据番吾，会邯郸之下，愿以甲子合战，以正殷纣之事，敬使使臣先闻左右。

“凡大王之所信为从者恃苏秦。苏秦荧惑诸侯，以是为非，以非为是，欲反齐国，而自令车裂于市。夫天下之不可一亦明矣。今楚与秦为昆弟之国，而韩梁称为东藩之臣，齐献鱼盐之地，此断赵之右臂也。夫断右臂而与人斗，失其党而孤居，求欲毋危，岂可得乎？

“今秦发三将军：其一军塞午道，告齐使兴师渡清河，军于邯郸之东；一军军成皋，驱韩梁军于河外；一军军于渑池。约四国为一以攻赵，赵破，必四分其地。是故不敢匿意隐情，先以闻于左右。臣窃为大王计，莫如与秦王遇于渑池，面相见而口相结，请案兵无攻。愿大王之定计。”

赵王曰："先王之时，奉阳君专权擅势，蔽欺先王，独擅绾事，寡人居属师傅，不与国谋计。先王弃群臣，寡人年幼，奉祀之日新，心固窃疑焉，以为一从不事秦，非国之长利也。乃且愿变心易虑，割地谢前过以事秦。方将约车趋行，适闻使者之明诏。"赵王许张仪，张仪乃去。

北之燕，说燕昭王曰："大王之所亲莫如赵。昔赵襄子尝以其姊为代王妻，欲并代，约与代王遇于句注之塞。乃令工人作为金斗，长其尾，令可以击人。与代王饮，阴告厨人曰：'即酒酣乐，进热啜，反斗以击之。'于是酒酣乐，进热啜，厨人进斟，因反斗以击代王，杀之，王脑涂地。其姊闻之，因摩笄以自刺，故至今有摩笄之山。代王之亡，天下莫不闻。

"夫赵王之很戾无亲，大王之所明见，且以赵王为可亲乎？赵兴兵攻燕，再围燕都而劫大王，大王割十城以谢。今赵王已入朝渑池，效河间以事秦。今大王不事秦，秦下甲云中、九原，驱赵而攻燕，则易水、长城非大王之有也。

"且今时赵之于秦犹郡县也，不敢妄举师以攻伐。今王事秦，秦王必喜，赵不敢妄动，是西有强秦之援，而南无齐赵之患，是故愿大王孰计之。"

燕王曰："寡人蛮夷僻处，虽大男子裁如婴儿，言不足以采正计。今上客幸教之，请西面而事秦，献恒山之尾五城。"燕王听仪。

仪归报，未至咸阳而秦惠王卒，武王立。武王自为太

子时不说张仪，及即位，群臣多谗张仪曰：“无信，左右卖国以取容。秦必复用之，恐为天下笑。”诸侯闻张仪有郤武王，皆畔衡，复合从。

秦武王元年，群臣日夜恶张仪未已，而齐让又至。张仪惧诛，乃因谓秦武王曰：“仪有愚计，愿效之。”王曰：“奈何？”对曰：“为秦社稷计者，东方有大变，然后王可以多割得地也。今闻齐王甚憎仪，仪之所在，必兴师伐之。故仪愿乞其不肖之身之梁，齐必兴师而伐梁。梁齐之兵连于城下而不能相去，王以其间伐韩，入三川，出兵函谷而毋伐，以临周，祭器必出。挟天子，按图籍，此王业也。”秦王以为然，乃具革车三十乘，入仪之梁。齐果兴师伐之。梁哀王恐。张仪曰：“王勿患也，请令罢齐兵。”乃使其舍人冯喜之楚，借使之齐，谓齐王曰：“王甚憎张仪；虽然，亦厚矣王之托仪于秦也！”齐王曰：“寡人憎仪，仪之所在，必兴师伐之，何以托仪？”对曰：“是乃王之托仪也。夫仪之出也，固与秦王约曰：‘为王计者，东方有大变，然后王可以多割得地。今齐王甚憎仪，仪之所在，必兴师伐之。故仪愿乞其不肖之身之梁，齐必兴师伐之。齐梁之兵连于城下而不能相去，王以其间伐韩，入三川，出兵函谷而无伐，以临周，祭器必出。挟天子，案图籍，此王业也。’秦王以为然，故具革车三十乘而入之梁也。今仪入梁，王果伐之，是王内罢国而外伐与国，广邻敌以内自临，而信仪于秦王也。此臣之所谓‘托仪’也。”齐王曰：“善。”乃使解兵。

张仪相魏一岁，卒于魏也。

陈轸者，游说之士。与张仪俱事秦惠王，皆贵重，争宠。张仪恶陈轸于秦王曰："轸重币轻使秦楚之间，将为国交也。今楚不加善于秦而善轸者，轸自为厚而为王薄也。且轸欲去秦而之楚，王胡不听乎？"王谓陈轸曰："吾闻子欲去秦之楚，有之乎？"轸曰："然。"王曰："仪之言果信矣。"轸曰："非独仪知之也，行道之士尽知之矣。昔子胥忠于其君而天下争以为臣，曾参孝于其亲而天下愿以子。故卖仆妾不出闾巷而售者，良仆妾也；出妇嫁于乡曲者，良妇也。今轸不忠其君，楚亦何以轸为忠乎？忠且见弃，轸不之楚何归乎？"王以其言为然，遂善待之。

居秦期年，秦惠王终相张仪，而陈轸奔楚。楚未之重也，而使陈轸使于秦。过梁，欲见犀首。犀首谢弗见。轸曰："吾为事来，公不见轸，轸将行，不得待异日。"犀首见之。陈轸曰："公何好饮也？"犀首曰："无事也。"曰："吾请令公厌事可乎？"曰："奈何？"曰："田需约诸侯从亲，楚王疑之，未信也。公谓于王曰：'臣与燕、赵之王有故，数使人来，曰无事何不相见，愿谒行于王。'王虽许公，公请毋多车，以车三十乘，可陈之于庭，明言之燕、赵。"燕、赵客闻之，驰车告其王，使人迎犀首。楚王闻之大怒，曰："田需与寡人约，而犀首之燕、赵，是欺我也。"怒而不听其事。齐闻犀首之北，使人以事委焉。犀首遂行，三国相事皆断于犀首。轸遂至秦。

韩魏相攻，期年不解。秦惠王欲救之，问于左右。左右或曰救之便，或曰勿救便，惠王未能为之决。陈轸适至秦，惠王曰："子去寡人之楚，亦思寡人不？"陈轸对曰："王闻夫越人庄舄乎？"王曰："不闻。"曰："越人庄舄仕楚执珪，有顷而病。楚王曰：'舄故越之鄙细人也，今仕楚执珪，贵富矣，亦思越不？'中谢对曰：'凡人之思故，在其病也。彼思越则越声，不思越则楚声。'使人往听之，犹尚越声也。今臣虽弃逐之楚，岂能无秦声哉！"惠王曰："善。今韩魏相攻，期年不解，或谓寡人救之便，或曰勿救便，寡人不能决，愿子为子主计之余，为寡人计之。"陈轸对曰："亦尝有以夫卞庄子刺虎闻于王者乎？庄子欲刺虎，馆竖子止之，曰：'两虎方且食牛，食甘必争，争则必斗，斗则大者伤，小者死，从伤而刺之，一举必有双虎之名。'卞庄子以为然，立须之。有顷，两虎果斗，大者伤，小者死。庄子从伤者而刺之，一举果有双虎之功。今韩魏相攻，期年不解，是必大国伤，小国亡，从伤而伐之，一举必有两实。此犹庄子刺虎之类也。臣主与王何异也。"惠王曰："善。"卒弗救。大国果伤，小国亡，秦兴兵而伐，大克之。此陈轸之计也。

犀首者，魏之阴晋人也，名衍，姓公孙氏。与张仪不善。

张仪为秦之魏，魏王相张仪。犀首弗利，故令人谓韩公叔曰："张仪已合秦魏矣，其言曰'魏攻南阳，秦攻三川'。魏王所以贵张子者，欲得韩地也。且韩之南阳已举

矣，子何不少委焉以为衍功，则秦魏之交可错矣。然则魏必图秦而弃仪，收韩而相衍。”公叔以为便，因委之犀首以为功。果相魏。张仪去。

义渠君朝于魏。犀首闻张仪复相秦，害之。犀首乃谓义渠君曰：“道远不得复过，请谒事情。”曰：“中国无事，秦得烧掇焚杅君之国；有事，秦将轻使重币事君之国。”其后五国伐秦。会陈轸谓秦王曰：“义渠君者，蛮夷之贤君也，不如赂之以抚其志。”秦王曰：“善。”乃以文绣千纯，妇女百人遗义渠君。义渠君致群臣而谋曰：“此公孙衍所谓邪？”乃起兵袭秦，大败秦人李伯之下。

张仪已卒之后，犀首入相秦。尝佩五国之相印，为约长。

太史公曰：三晋多权变之士，夫言从衡强秦者大抵皆三晋之人也。夫张仪之行事甚于苏秦，然世恶苏秦者，以其先死，而仪振暴其短以扶其说，成其衡道。要之，此两人真倾危之士哉！